Grégoire Solotareff

Sommergeschichten

Die Deutsche Bibliothek – CIP-Einheitsaufnahme
Ein Titeldatensatz für diese Publikation ist bei
Der Deutschen Bibliothek erhältlich.

Gesetzt nach neuer Rechtschreibung
Lektorat Uta Rüenauver, Berlin
Die Originalausgabe erschien erstmals 2001 unter dem Titel
Les contes d'été bei l'école des loisirs, Paris
Copyright © 2001 l'école des loisirs, Paris
Copyright © 2002 Gerstenberg Verlag, Hildesheim
Alle Rechte vorbehalten
Druck und Bindung: Spiegel Buch, Ulm
Printed in Germany
ISBN 3-8067-4967-1

02   03   04   05   06   5   4   3   2   1

Grégoire Solotareff

Sommergeschichten

Aus dem Französischen von
Werner Leonhard

Gerstenberg Verlag

21. Juni

Die erste Frage des Sommers

„Schlafen Insekten auch?", fragte Julian Weißvonnix den Kobold Jakob Oberschlau.

„Mein lieber Julian", sagte Jakob. „Wir haben heute den 21. Juni, Sommeranfang. Das ist ein wichtiger Tag, und da kommst du mir mit so einer Frage, ... auf die ich weder Ja noch Nein antworten kann. Komm ein anderes Mal vorbei und ich werde sie dir beantworten", fügte er hinzu und wandte sich der Lichtung zu, wo das große Waldfest stattfinden sollte.

Enttäuscht zog Julian ab.

Die Frage stellte er sich schon seit einigen Tagen. So kompliziert, wie der alte Kobold es ihn glauben machen wollte, konnte sie doch nicht sein.

Das Sommerfest lief so ab wie jedes Jahr. Das Essen war ausgezeichnet und es gab reichlich. So reichlich, dass anschließend jeder in der Sonne vor sich hin döste.

Julian sah Jakob mit halb geschlossenen Augen im Gras liegen. In der linken Hand hielt er seinen Stock und sein riesiger Bauch hob und senkte sich im regelmäßigen Rhythmus seiner Atmung. Die Vögel zwitscherten und zärtlich wehte ein sanfter Wind.

„Jetzt!", sagte sich Julian. Er näherte sich dem Kobold, zögerte einen Moment, dann tippte er ihm auf die Schulter.

„Was willst du denn noch?", fragte der Alte und blinzelte ihn an.

„Tja, äh ... ich wollte wissen, ob ... ob Insekten schlafen."

„Also, jetzt reicht's!", sagte der alte Kobold und schloss seine Augen. „Heute ist ein Feiertag. Lass mich schlafen. Geh spielen, mit deinen kleinen Freunden. Amüsier dich", fuhr er mit etwas sanfterer Stimme fort, als er merkte, dass er unfreundlich gewesen war.

Als Julian gegangen war, brummelte Jakob vor sich hin, dann erhob er sich widerwillig.

Als er richtig wach war, beschloss er, ganz unauffällig in seiner Bibliothek nachzusehen. Er wollte nicht, dass jemand mitkriegte, dass er nicht alles wusste.

Er suchte lange, ohne auch nur das Geringste über den Schlaf der Insekten zu entdecken.

Da er keine Antwort fand, hielt er es für das Beste, Julian in den nächsten Tagen aus dem Weg zu gehen. Er würde also zu Hause bleiben.

6

Nach einer Woche wagte er sich nach draußen, weil er nichts mehr zu essen hatte.

Da traf er auch gleich Julian.

„Hey! Mit den Insekten, da habe ich die Antwort gefunden!", sagte der junge Kobold.

Völlig perplex erwiderte Jakob: „Ah ja! ... Und ..." (Um ein Haar hätte er gefragt, wie denn nun die Antwort lautete, aber dann hätte er seine Unwissenheit eingestanden.)

„Siehst du, man muss nicht bei jeder Gelegenheit idiotische Fragen stellen!", sagte er und runzelte die Stirn.

Dann ging er schnell wieder nach Hause, ehe Julian ihm eine andere Frage stellen konnte.

Aber er hatte immer noch nichts zu essen.

„Jetzt langt's! Ich habe die Nase voll von diesen kleinen Schwachköpfen, die von nichts eine Ahnung haben. Die können einem echt das Leben zur Hölle machen."

Diebe

Der Himmel war dunkelgrau, hinten am Horizont sogar schwarz. Die ersten Tropfen fielen. Gaspard suchte Schutz unter dem Blatt eines Kastanienbaums, der am Wegesrand stand, und wartete geduldig auf das Ende des Schauers. Aber der Regen hielt an und Gaspard schlief ein, den Korb mit den gesammelten Walderdbeeren fest in der Hand.

Als er aufwachte, guckte er in den Korb: leer.

„Eine Maus wird vorbeigekommen sein, die der Versuchung nicht widerstehen konnte." Bei dem Gedanken lächelte er. Er begann aufs Neue Erdbeeren zu sammeln und seinen Korb zu füllen.

Ein neuer Schauer ging nieder. Dieses Mal stellte er sich bei einem Pfifferling unter. Und schlief wieder ein. Als er aufwachte, war der Korb so leer wie am Morgen, als er das

Haus verlassen hatte. Wieder lächelte Gaspard und begann zu sammeln.

So verging der Tag, ohne dass er es merkte. Als er nach Hause kam, fragte ihn seine Frau: „Aber was hast du denn den ganzen Tag gemacht? Seit Stunden warte ich auf dich!"

„Ich habe Erdbeeren gesammelt", sagte Gaspard, „und stell dir vor, jedes Mal, wenn ich den Korb voll hatte, fing es an zu regnen. Dann habe ich mich untergestellt und bin eingeschlafen. Du kennst mich doch. Dann kam eine Maus und hat mir die Erdbeeren geklaut. Also habe ich wieder von vorne angefangen. So ist der Tag dahingegangen, ohne dass ich es so recht mitbekommen habe."

„Also wirklich, die können sich ihre Erdbeeren doch selber pflücken, die Mäuse!", wetterte Jeanne. „Das ist ein starkes Stück!"

„Ach!", sagte Gaspard, „das macht mir sogar ein bisschen Spaß, für sie Erdbeeren zu sammeln. Ich habe ja sonst nichts groß zu tun. Auf diese Weise vergeht ganz gemütlich die Zeit."

In Wirklichkeit war es keine Maus, sondern ein Kobold, der Gaspard die Erdbeeren geklaut hatte. Ein mieser kleiner Kobold.

Aber das hat Gaspard nie erfahren.

Yvan und die Crêpes

„Ich finde, sie sind ein bisschen fade", sagte Sarah. „Du solltest etwas Vanille hinzufügen."

„Findest du?", fragte Zoé. „Ich hätte eher gedacht, etwas Orangenblüte."

Sarah und Zoé waren dabei, für Yvan Crêpes zu backen.

Yvan war ein kultivierter Siebenschläfer. Er hatte einen sehr sicheren Geschmack, insbesondere was Crêpes betraf, und seine Meinung über die Kochkünste der Leute war sehr wichtig.

Kaum hatten die beiden Murmeltiere ihren Stapel Crêpes fertig, da trat Yvan auch schon ein.

„Nun, wer hat dieses Mal die Crêpes gemacht?", fragte er.

„Ich", antworteten beide Murmeltiere gleichzeitig.

Dann berichtigten sie sich etwas verlegen. „Genau genommen waren wir es beide", sagte Zoé.

„Ja, wir beide", wiederholte Sarah.

„Na, dann wollen wir mal sehen", sagte Yvan. „Dann wollen wir diese *berühmten* Crêpes mal kosten."

Er setzte sich an den Tisch. Sie banden ihm ein sauberes Küchentuch um den Hals, und er steckte seinen Schwanz hinter den Stuhl, sodass er ihm weder hinderlich sein noch schmutzig werden konnte, und wartete ab.

Zoé stürzte los, um eine Crêpe für ihn zu rollen und sie ihm noch warm auf dem Teller zu servieren.

„Die hier habe ich gemacht!", sagte sie, mit einem deutlichen Mangel an Bescheidenheit.

Sarah ihrerseits sah angespannt zu, wie Yvan Zoés Crêpe verspeiste. Sie wünschte sich, dass sie Yvan nicht schmeckte. Oder eher, dass sie Yvan nicht so gut schmecken würde wie die nächste, die sie selbst zubereiten würde – auch wenn sie aus demselben Teig war.

Yvan aß die erste Crêpe, ohne ein Wort zu sagen und ohne eine Miene zu verziehen.

„Die nächste!", sagte er, während er noch den letzten Bissen kaute.

Das traf Sarah unvorbereitet, und sie brauchte einige Sekunden, bevor sie ihm ihre Crêpe servieren konnte. Das waren offensichtlich einige Sekunden zu viel.

Yvan stand auf, nahm das Küchentuch von seinem Hals, ließ es auf den Tisch fallen und verließ wortlos die beiden Murmeltiere.

So war er halt, dieser Yvan: unerbittlich.

Die beiden Murmeltiere sahen sich eine Weile an, dann trennten sie sich, voller Wut.

Für immer.

24. *Juni*

Die Dummheit der Amseln

„Amseln sind dumm", sagte Mani. „Alle Welt weiß das."

„Aber nein!", entgegnete Olinka. „Warum sagst du so etwas?"

Olinka fand, dass Amseln viel zu gut sangen, um ganz und gar blöd zu sein.

„Das ist wie bei den Fußballpokalsiegern!", erklärte sie. „Die sehen vielleicht nicht oberschlau aus, aber vielleicht sind sie ja überdurchschnittlich intelligent."

„Nicht unbedingt. Und im Übrigen sehe ich keine Verbindung zu Amseln. Amseln sind auf jeden Fall dumm. Ich weiß, wovon ich rede."

Er wollte beweisen, was er gesagt hatte, und deswegen versteckte er sich an diesem Morgen im Farn, um die Amseln zu beobachten und dann Bericht zu erstatten. Gegen halb sechs sah er sie kommen, kurz vor Sonnenaufgang. Es waren zwei, ein Pärchen. Mani kannte sie nicht. Sie hockten sich auf einen Zweig, warfen einen kurzen Blick nach rechts und nach links, reinigten ein paar Federn auf ihrem

Bauch und auf den Flügeln und begannen dann zu singen. Eine halbe Stunde lang sangen sie, was das Zeug hielt.

„Die singen gar nicht übel, das stimmt schon", dachte Mani. „Auf gar keinen Fall könnte ich so gut pfeifen wie die. Aber dafür kenne ich einige berühmte Melodien, die dagegen singen nur irgendwas."

Er beobachtete sie den ganzen Tag: Wenn sie nicht gestört wurden, blieben sie eine ganze Weile auf dem Zweig sitzen und sangen. Wenn ein anderer Vogel sie unterbrach, dann flogen sie ein Stück weiter und begannen aufs Neue.

Mani kam am nächsten Tag wieder und auch an den darauf folgenden Tagen. Für den Augenblick, das musste er zugeben, gab es keinen Beweis dafür, dass Amseln wirklich so dumm waren. Aber auch nicht für das Gegenteil.

Und dann weckte etwas das rege Interesse des Kobolds: Sobald am Fuß des Wildkirschbaums eine Walderdbeere begann sich rot zu färben, kam eine Amsel und pflückte sie. Sie wartete nicht einmal, bis sie reif war, um sie zu fressen. Mani, der wilde Erdbeeren besonders gern mochte, beschloss seinen Beobachtungsposten zu verlassen. Im Übrigen war der Farn etwas zu hoch und verstellte ihm die Sicht. Er versteckte sich ganz nahe bei den Erdbeeren, mitten im Unkraut, um diese blöden Vögel genau im Blick zu haben, direkt am Fuße des Wildkirschbaums.

Als er sein neues Versteck bezogen hatte, kam keine einzige Amsel mehr.

„Ob sie gemerkt haben, dass ich sie beobachte?", fragte er Olinka, als er abends nach Hause kam.

„Aber sicher doch", sagte Olinka. „Du bist nämlich der Dumme, mein Lieber."

„Irgendetwas sagt mir, dass sie mich nicht bemerkt haben, aber aus ich weiß nicht welchem Grund kommen sie trotzdem nicht mehr, um die Erdbeeren zu fressen."

Die Amseln hatten sehr wohl wahrgenommen, dass sich zwischen den Erdbeeren ein Kobold aufhielt; sie kamen nicht näher heran. Aber nicht aus Angst vor dem Kobold. Sie rätselten, was es mit dieser Erdbeere auf sich haben mochte, die so plötzlich gereift war: Sie hatten Manis rote Mütze für ein Erdbeere gehalten!

Mani hatte also Recht gehabt die Amseln für dumm zu halten. Aber aus einem anderen Grund, als er glaubte: Erdbeeren zeigen nach unten, Koboldmützen nach oben.

Nachrichten für Paul Maulwurf

„Fang mich doch, fang mich doch!", hatte Josefine geschrien, bevor sie mitten auf dem Feld in einem Loch verschwunden war.

Sophie hatte ihre Freundin wohl gehört, aber als sie den Kopf hob und die Ohren spitzte, war Josefine weder zu sehen noch zu hören. Diese riesigen fuchsroten Pferde, die dalagen wie Robben, waren zwar da, und auch Jeremias Häher, der den Mücken hinterherjagte und dabei kreischte wie ein Idiot, aber keine Josefine! Wie hatte sie einfach so verschwinden können, von einer Sekunde auf die nächste?, fragte sich Sophie. Das war ja wie verhext!

Sie suchte aufmerksam alles ab und entdeckte nach kurzer Zeit zwischen den hohen Gräsern ein Loch in der Erde.

Hier ist es!, sagte sie sich. Sie näherte sich dem Loch und schwups! war sie nun ihrerseits darin verschwunden.

Genau genommen verschwand sie nicht wirklich. Sie rutschte das Loch hinunter und traf etwas weiter unten auf Josefine, in Gesellschaft von Paul Maulwurf.

Paul war dick und ziemlich alt. Er grub hie und da Löcher im Feld und wartete darauf, dass jemand hineinfiel und ihm Neuigkeiten von der Welt draußen brachte. Er sah zwar schon seit langem überhaupt nichts mehr, wollte aber auf dem Laufenden bleiben über das, was sich draußen abspielte, ohne zu riskieren Lukas Sperber oder Jo Bussard in die Klauen zu geraten. Also war er auf dieses System verfallen, um wenigstens einmal am Tag Neuigkeiten zu hören. Es war ein bisschen so, als ob er sich die Zeitung ins Haus kommen ließ.

„Na, ihr beiden Hübschen. Das ist aber lieb von euch, dem alten Paul Guten Tag zu sagen. Nun, was gibt's Neues da oben? Erzählt!"

Sophie und Josefine, die von ihrem Fall noch etwas unter Schock standen, sahen sich an und brachen vor lauter Nervosität in Gelächter aus. Paul Maulwurf, der glaubte, dass man sich wegen seiner Gebrechlichkeit über ihn lustig machte – was ganz und gar nicht der Fall war –, zog sich gekränkt ans Ende seines Stollens zurück.

Sophie und Josefine nahmen die Gelegenheit wahr, an die Oberfläche zurückzuklettern und nach Hause zu flitzen.

Und Paul Maulwurf bekam an diesem Tag keine Neuigkeiten zu hören.

17

Zims unsinnige Idee

Zim war dreißig Jahre alt, als seine Eltern von ihm gingen. Das Dorf hatte sich seiner angenommen, und er war das geworden, was man einen Dorfkobold nennt, das heißt ein Müßiggänger, der den ganzen Tag herumhängt.

Warum sollte ich arbeiten?, war die einzige Frage, die er sich stellte. Ohne sie jemals zu beantworten, wohlgemerkt. An diesem Nachmittag war es heiß. Die Sonne stand senkrecht am Himmel und brachte all die kleinen Hirne in Wallung, besonders die, die von keiner Zipfelmütze geschützt wurden. Das war auch bei Zim der Fall, dem Tunichtgut (auch tumber Zim genannt, oder Zim Nulpe), der sich trotz der fürchterlichen Sommerhitze standhaft weigerte seine Mütze zu tragen.

Und das Ende vom Lied: Die Sonne hatte seinem armen Spatzenhirn ein Schwitzbad verpasst. Und das ist nie gut.

Also hatte er, was völlig normal war, eine unsinnige Idee: Weil er es hasste, wie vorgeschrieben seine Mütze zu tragen, beschloss er, allen Kobolden die Mützen zu stehlen, während sie schliefen. Alle Welt würde barhäuptig rumlaufen.

Also, so dachte er, würde man ihn nicht bestrafen können. Eine wirklich dumme Idee!

In der Nacht schlich er lautlos zu allen Kobolden ans Bett und bemächtigte sich ihrer Mützen, die er in einem großen Sack versteckte. Aber der Sack wurde so schwer, dass Zim ihn nicht mehr tragen konnte. Also weckte er seinen Freund Benoît und bat ihn den Sack gemeinsam mit ihm zu tragen, ohne ihm zu verraten, was sich darin befand. Benoît moserte einen Moment, dann stand er auf und half seinem Freund. Als der Sack bei Zim zu Hause war, legte er sich wieder schlafen.

Am nächsten Tag war das ganze Dorf in Aufruhr. Alle roten Mützen waren gestohlen worden! Alle waren in heller Aufregung. Die schrecklichsten Mutmaßungen waren in Umlauf: Des Nachts habe eine Invasion von Mützendieben stattgefunden. Oder, schlimmere Variante: Micheline, die Hexe, habe die Mützen verhext, oder, noch schlimmer: Dies sei eine Missetat der Schwarzkobolde, die die Rotkobolde wieder einmal demütigen wollten. Daran, dass es wahrscheinlich überhaupt gar keine Schwarzkobolde gab, ja, daran dachte niemand.

19

Nur Zim war gelassen. Benoît, den man, wie alle andern auch, befragte, stellte keine Verbindung zwischen dem Diebstahl und seinem nächtlichen Ausflug her.

Man suchte in jedem Winkel, man holte Erkundigungen ein, man ging in sich.

Zim, die Nulpe, machte einen Spaziergang, die Hände hinter dem Rücken, und pfiff vor sich hin. Kein Wunder also, dass sich der Verdacht alsbald gegen ihn richtete. Er wurde verhört und gestand den Diebstahl sofort.

Er wurde nicht bestraft und nicht einmal ausgeschimpft. Denn in diesem Dorf gab es keine Strafen und auch keine Gardinenpredigten.

Nur, wie war Zim überhaupt darauf gekommen, all diese Mützen zu stehlen?

Das hat man nie erfahren.

Aber er tat es nicht noch einmal, weil er zu Recht dachte, dass man ihn sicherlich wieder verdächtigen würde.

Jons Leben

Den ersten Teil seines Lebens hatte Jon einfach so durch-
laufen. Zack! Wie nichts.

Er war zwanzig geworden, ohne viel gelacht oder geweint
zu haben. Er hatte weder großen Kummer noch großes
Glück erlebt und bisher war ihm noch nichts Wichtiges
passiert.

An diesem Morgen klopfte es an seine Tür. Es war die Koboldin Mathilde, eine junge Sängerin, die nebenan wohnte. Sie fühlte sich ein bisschen einsam und wollte ihn nur
fragen, ob sie ihm Gesellschaft leisten dürfe. Jon sagte Ja,
Mathilde trat ein und setzte sich in einen Sessel.

Sie sagte nichts und blieb still sitzen. Sie wartete darauf,
dass Jon sie fragte, was sie denn hätte.

Aber Jon stellte ihr keine Fragen und so saßen sie stunden-
lang still da.

Schließlich begann Mathilde sich zu langweilen, stand auf
und ging.

Als Mathilde am nächsten Morgen nicht wiederkam, begann Jon im Zimmer auf und ab zu gehen. Warum kommt sie mich nicht besuchen?, fragte er sich erstaunt. Vielleicht hätte ich sie fragen sollen, was ihr fehlt.

Wenn es ihm nicht gut ging, dann fragte ihn auch niemand irgendwas. Warum hätte er es also tun sollen?

Aber war ihm das eigentlich überhaupt schon passiert, dass es ihm nicht gut ging? Er versuchte sich an einen schlimmen Moment in seinem Leben zu erinnern.

Das war schon Jahre her: Eines Tages hatte ihm seine Mutter verboten sich noch mehr Nachtisch zu nehmen, weil er nicht artig gewesen war.

Ein anderes Mal hatte man ihm seinen Bonbonvorrat gestohlen, fiel ihm jetzt ein.

War ihm seitdem nichts Schlimmeres passiert?

Nein, nicht dass er wüsste.

Und etwas Lustiges?

Jon dachte nach. Da war der Tag, als er sich mit Frank geprügelt und ihm die Vorderzähne eingeschlagen hatte. Weiter fiel ihm nichts ein.

Er setzte sich hin und wartete auf Mathilde, um ihr das alles zu erzählen.

Er lachte schon im Voraus.

22

28. Juni

Die Wolke

Ihr Haar, das ihr bis zu den kleinen schwarzen Augen in die Stirn fiel, und ihr ständiges Lächeln verliehen Sandi ein spitzbübisches Aussehen, das alle an ihr schätzten.

So hatte sie immer Kobolde um sich herum, die ihr den Hof machten. Aber sie machte sich dadurch nicht unbeliebt wie einige andere.

Nein, Sandi war glücklich und fröhlich. Ihre Freundinnen beneideten sie um ihre Anmut und konnten es sich nicht verkneifen, ihr ab und zu ein paar kleine Gemeinheiten an den Kopf zu werfen.

„Warum ziehst du dich so unvorteilhaft an, Sandi?", fragte die eine. „Das ist schade."

„Du hast ein bisschen zugenommen, nicht wahr?", sagte eine andere. „Lass mal sehen, dreh dich mal um ..."

„Ich hätte gern so einen großen Busen wie du", sagte eine Dritte. „Oder vielleicht doch ein bisschen weniger."

Und so weiter und so fort.

Aber Sandi war sich ihrer Schönheit sicher. Man hatte sie

schon immer hübsch gefunden. Ihr Vater hatte ihr versichert, dass sie die Schönste auf der ganzen Welt sei. Natürlich glaubte sie das nicht. Sie dachte, sie sei vielleicht unter den drei oder vier Schönsten, aber nicht die Schönste.

Eines Tages ging Luc, der schöne, geheimnisvolle Luc, an ihr vorbei, ohne sie zu bemerken.

Sie wagte ein: „Hallo, Luc!", als er schon an ihr vorbei war. „Küsschen?"

„Ach! Ja! Hallo, äh ... Sandi", sagte Luc. „Tut mir Leid, ich war ganz woanders mit den Gedanken", und ging weiter, ohne die Einladung gehört zu haben, für die andere Kobolde sicherlich einige Portionen Nachtisch gegeben hätten (und vielleicht sogar noch mehr).

Luc war Musiker und er komponierte oft im Gehen, wodurch er ein bisschen zerstreut wirkte.

„Weißt du, ich werde heiraten!", rief sie ihm zu.

Als er draußen war, erschien ihr dieser Satz, den sie quer über die Straße in die Morgenstille gerufen hatte, selbst ein wenig unangebracht. Sie musste etwas lachen und ging davon. Luc drehte sich um, und da er sah, wie sie sich entfernte, sagte er nichts darauf.

Sie will heiraten?, fragte er sich nach einem Moment. In ihrem Alter! Was ist das für eine Geschichte?

Warum hatte sie das gesagt? Es war klar, dass sie nicht heiraten würde! Davon hätte er gehört. Und im Übrigen war das unmöglich, man heiratet nicht mal so eben! Und wen denn auch überhaupt?

Luc ging nachdenklich weiter.

Sandi blieb stehen und sah nach oben. Der Himmel war blau.

Luc ist der Einzige, der mir gefällt, dachte sie. Und ausgerechnet er ist der Einzige, der mir keine Beachtung schenkt. Ob er mir vielleicht deswegen gefällt? ... Was für ein bescheuerter Gedanke!

Eine kleine weiße Wolke zog schnell über sie hinweg.

Wenn ich zu Hause bin, bevor sich diese Wolke auflöst, wird Luc sich in mich verlieben.

Sandi lief nach Hause, so schnell sie konnte. An der Tür drehte sie sich um. Die Wolke hatte ihre Form nicht verändert.

Vor Freude sprang sie in die Luft.

Morgen würde sie Luc einen Besuch abstatten.

Das ist komisch, sagte sie sich, wie so eine läppische kleine Wolke das ganze Leben verändern kann.

Ali der Schüchterne

Ali – mit richtigem Namen Alain, aber alle nannten ihn Ali wegen seiner Liebe zu Marokko – bewohnte eine Höhle in der Steilküste, hoch über den Fluten, wie ein Pascha der Côte d'Azur.

Eine junge Nachbarin, die Füchsin Rosa, die ein leuchtend rotes Fell hatte, machte ihm seit einer Weile den Hof, wie Füchsinnen das so tun.

Ali war heimlich in Rosa verliebt. Das hatte er ihr aber nie zu sagen gewagt. Und die Füchsin ihrerseits wartete nur auf eines: dass Ali um ihre Hand anhielt. Ihre Großmutter hatte es ihr immer wieder gesagt: Es sei an ihm und nicht an ihr, den ersten Schritt zu tun.

Den einen Tag brachte sie ihm ein Hühnchen, einfach so, aber nichts passierte. Am nächsten Tag waren es Würste, die sie in der Stadt gestohlen hatte, viele Stunden Fußmarsch entfernt. All diese Liebesbekundungen nahm Ali entgegen und sagte sich, dass es immer noch Zeit damit hatte, ihr seine Gefühle zu gestehen. Er hatte es nicht eilig.

Bob, sein bester Freund, fragte ihn: „Na ! Und Rosa? Hast du mit ihr gesprochen? Wie geht's ihr?"

„Alles in Ordnung", antwortete Ali. „Nichts Besonderes."

„Nichts Besonderes" sollte heißen: „Ich habe mich immer noch nicht getraut ihr meine Liebe zu gestehen, und wir sind immer noch nicht weiter als vorher."

Bob hatte alles andere im Sinn, als sich über Rosas Gesundheit Gedanken zu machen. Mit seiner scheinbar harmlosen Frage wollte er sich vergewissern, dass zwischen Ali und ihr immer noch nichts lief.

Er leckte sich die Lefzen, um seinen Schnurrbart zu glätten, pflückte einen Strauß Blumen und begab sich zu ihr.

Man ist nicht umsonst Fuchs.

30. Juni

Der Fuchs und der Affe

Dem Affen war's am Hintern kalt,
drum ging zum Fuchs er in den Wald
und sprach: „Dein Schwanz ist viel zu lang,
der wischt durch alle Ecken.
Wird dir nicht beim Gedanken bang,
an all die vielen Zecken?
Drum gib ein Stück mir davon ab,
dann kann ich mich bedecken."
„Nein, seinen Schwanz verschenkt man nicht!",
sprach drauf der Fuchs zum Affen.
„Das ständ mir übel zu Gesicht,
und alle würden lachen!"
„Da irrst du schwer, Gevatter Fuchs,
kannst dann als Mensch agieren
und aufrecht gehn – was für ein Jux! –
nicht wie ein Tier auf allen vieren.
Kannst schlafen dann in einem Bett
und keiner wird dich jagen,

kein Darben mehr, bist immer satt
und fährst 'nen dicken Wagen.
Nun sag doch selbst, ist das denn nicht
ein wahr gewordner Traum?
Sieh es auch mal in diesem Licht,
viel besser geht's doch kaum!"
Das alles hört der Fuchs sich an.
„Du hältst dich wohl für sehr gerissen",
sagt er zum Affen spöttisch dann,
„solch Unsinn machst 'nem Fuchs nicht weis,
so wirst den Schwanz du weiter missen."
Zieht seinen Hut und trollt sich dann.
Der Affe greift sich an den Steiß
und ruft laut aus: „Verflixt noch mal,
jetzt bleibt mein Hintern weiter kahl!"

1. Juli

Das ist ungerecht

Lola war das, was man eine schöne Maus nennt. Ihr dunkelgraues Fell, fast schwarz und kraus, schimmerte manchmal golden wie Seide. Ihre braunen Augen schienen gelb zu sein, sobald ein Lichtstrahl hineinfiel, und kaffeebraun, wenn der Himmel etwas dunkler war. Sie war eine Mischlingsmaus. Oft sah sie sich im Spiegel an und sagte aus Koketterie, dass sie alt sei. Vor ihren Freunden klagte sie darüber, dass die Zeit vergehe und die glücklichen Tage in die Ferne rückten.

Weil ihr Leben erfüllt war – sie war Malerin und Mutter von sechsundsechzig Kindern – kam es ihr zu kurz vor.

Ihre Freundin Josie dagegen war nicht hübsch. Sie hatte eine große rosa Schnauze mit grauen Flecken und ihr Fell war eher matt. Wenn sie lief, dann schleifte ihr Bauch auf dem Boden, sodass man sie an der besonderen Spur, die sie im Sand zurückließ, erkennen konnte: eine lange Furche, gesäumt von punktierten Linien.

Im Gegensatz zu Lola und trotz ihres abstoßenden Äußeren war Josie unbeschwert, sorglos und immer bereit, den kleinsten Augenblick beim Schopf zu packen. Bei alledem war ihr Leben alles andere als lustig: Sie hatte keine Kinder, eine ziemlich hässliche Wohnung und sie tat rein gar nichts! Wenn sie Lola besuchte, war es ihr ein Vergnügen, ein oder zwei Stunden auf dem kleinen blauen Sofa für ihre Freundin Modell zu sitzen und ihr lustige Geschichten aus ihrer Gemeinde zu erzählen.

Lola malte schweigend ihr Porträt und hörte zu, wie Josie redete, lachte und sich über andere lustig machte.

Die eine war schön und unglücklich, die andere hässlich und fröhlich.

Das sagten alle ihre Freunde. Und ein bisschen neidisch fügten sie hinzu:

„Aber wenn alle schönen Mäuse außerdem auch noch glücklich wären, wo bliebe denn da die Gerechtigkeit?"

2. Juli

Maximilian sorgt vor

Um seine Holztür ganz oben im Baum abschließen zu können, hatte Maximilian dort an die zwanzig Schlösser angebracht. Und wenn er mitten in der Nacht nach Hause kam, machte er beim Öffnen und Schließen der Tür einen solchen Lärm, dass er die ganze Nachbarschaft aufweckte. Die anderen Eichhörnchen zeterten, die Tauben motzten, die Elstern schnatterten voller Wut. Zumal Maximilian meistens erst um zwei oder drei Uhr nachts nach Hause kam.

Milly, die Elster, meinte, dass man etwas unternehmen müsste. Sie sagte zu ihren Nachbarn:

„Wenn Maxime solche Angst vor Einbrechern hat, dann hat er irgendetwas zu verbergen. Kein Eichhörnchen hat so viele Schlösser an seiner Tür! Genau genommen hat kein Eichhörnchen eine Tür! Da ist was nicht ganz koscher!"

„Das stimmt!", antworteten ihre Freunde.

Milly flog von ihrem Platz herunter und stellte sich auf das Nest von Marcel Taube, der vor sich hin schlummerte.

„Hey, Marcel!"

Der Täuberich schlief im Sitzen, den Kopf auf dem Kropf, der noch voller Krümel und Fettflecken vom Abend vorher war. Milly fand ihn widerlich. Sie wich erst unwillkürlich zurück, bevor sie ihn schließlich mit der Schnabelspitze anstieß. Er öffnete ein Auge, das er alsbald wieder schloss.

„Guten Morgen, Marcel", sagte die Elster. „Maxime ist unerträglich, findest du nicht auch? Hast du das letzte Nacht gehört? Das war doch entsetzlich, oder? Um drei Uhr morgens! Also ich habe da eine Idee."

„Ach wirklich!", sagte Marcel und öffnete ein Auge halb.

„Wir werden bei Maxime einbrechen!"

„Häh?", machte die Taube und rülpste.

„Oh! Kannst du dich nicht beherrschen? Das ist ja ekelhaft! ..."

„Pardon", sagte Marcel schlaff.

„Es ist nämlich so", fuhr Milly fort, „wenn er sich so verbarrikadiert, dann deshalb, weil er einen Schatz versteckt!"

Marcel dachte nach. Und wenn eine Taube nachdenkt, dann weiß man nie, ob sie nachdenkt, schläft oder ein Ei legt.

„Kein Ei legen, Marcel! Hör mir zu! Hast du gehört, was ich gesagt habe?"

„Ich lege kein Ei, ich *über*lege", sagte Marcel. „Im Übrigen weiß ich gar nicht, wie das geht, Eier legen."

„Das habe ich nur zum Spaß gesagt", sagte Milly. „Ich weiß natürlich, dass du keine Eier legst. Josianne ist diejenige, die bei euch die Eier legt."

„Erzähl mir nichts von Josianne. Von der will ich nichts mehr wissen. Du weißt doch, dass sie mit einer Ringeltaube durchgebrannt ist."

„Ah ja, ich weiß. Du Armer. Allerdings, wenn du ein bisschen sauberer wärst und ein bisschen weniger grob, vielleicht wäre sie dann geblieben", sagte Milly gerade heraus.

„Oh nein! Das war's nicht! Das liegt in ihrem Wesen. Es war klar, dass sie eines Tages mit einer anderen Taube abziehen würde. Sie sind doch alle gleich!"

„Aber nein! So sind sie nicht alle, na hör mal!", sagte Milly, die sich immer für die Weibchen stark machte.

„Wohl doch! Ach übrigens, was ist denn mit dir, wie kommt es, dass du nicht verheiratet bist?"

„Ach, ich! ...", sagte Milly.

Und so begannen sie ein Gespräch, das bis zum Abend dauerte.

Sie knabberten einige nicht mehr ganz frische Regenwürmer, die Marcel in einem defekten Kühlschrank aufbewahrte. Und dann, gegen Mitternacht, hörten sie, wie Maxime das Haus verließ und dabei wie gewöhnlich seine zahlreichen Schlösser betätigte.

Kaum war Maxime fort, da flogen Milly und Marcel zu seiner Wohnung, brachen in null Komma nix seine Tür auf und traten ein. Sie fanden absolut nichts Kostbares, das sie hätten stehlen können, und nichts Gutes zu essen. Aber sie warfen in Maximes Wohnung alles durcheinander, damit es nach einem Einbruch aussah. Als Maxime im Morgengrauen nach Hause kam, war er so erschüttert, dass er beschloss, erst mal einen anderen Baum zu beziehen, bevor er schließlich ganz aus dem Wald wegzog.

Was Marcel und Milly betraf, so blieben sie gute Freunde, mehr nicht. Dieses Abenteuer hatte sie nicht enger zusammengebracht. Man hätte meinen können, dass ...

Aber nein. Sie waren zu verschieden. Milly hätte niemals Marcels Schlendrian ertragen können und, um es klar heraus zu sagen, sein schlechtes Benehmen.

3. Juli

Zwei Mäuse wie du und ich

Marie Maus hatte für ihren Nachbarn Jean einen Kaffee gemacht. Er ließ sich, wie jeden Tag zur gleichen Stunde, auf ihrer Terrasse nieder, um ihn zu trinken. Diesen Moment mochte Jean sehr gern.

Sie servierte ihm seinen Kaffee, holte einen Stuhl heran und setzte sich neben ihn.

Wolken zogen über sie hinweg. Von Zeit zu Zeit erwärmte ein verirrter Sonnenstrahl die kühle Morgenluft etwas.

Marie sah Jean voller Liebe und Besorgnis an. Ob er dieses Mal wohl etwas länger bleiben würde? War der Kaffee auch genauso gut wie an den anderen Tagen?

Sie wechselten kein Wort miteinander. Die Sonne verschwand hinter einer dicken schwarzen Wolke. Marie war es etwas kalt. Jean hingegen trank und plante dabei seinen Tagesablauf.

Nachdem er den letzten Schluck getrunken hatte, dankte er Marie knapp und ging zu sich nach Hause.

Er war Tischler. Seine Tage waren immer ausgefüllt. Marie

war Privatmaus und lebte von ihrem bescheidenen Vermögen.

Als er wieder in seiner Werkstatt war, dachte Jean an Marie, wegen des Auftrages, den er gerade ausführte. Ein Spiegel. Mäuse können auf einen Spiegel nicht verzichten.

Eines Tages würde er einen für sie machen.

Wie kommt es nur, dass ich ihr nicht gefalle?, fragte er sich, als er in den Spiegel sah. Seit Jahren bereitet sie mir jeden Morgen eine Tasse Kaffee; ich weiß, dass sie keinen Liebsten hat; sie weiß, dass ich frei bin und gern zu ihr komme ... Worauf wartet sie, um mir einen Antrag zu machen?

Voller Schwung machte er sich wieder an die Arbeit.

Und während sie Jeans Tasse abwusch, dachte Marie: Warum unternimmt er keine Annäherungsversuche? Vielleicht hat er Angst vor meinem Geld. Ja, das muss es sein. Ach, was für ein braver Bursche das ist! Also: Morgen backe ich ihm Kekse zu seinem Kaffee. Ich bin sicher, dass das funktioniert.

Damit lag sie nicht falsch.

4. Juli

Das Muschelhalsband

Wenn er in der kleinen Bucht, die bei Ebbe frei lag, Muscheln sammeln wollte, musste Abraham ein kleines Wäldchen durchqueren, was er ungern tat, besonders bei Einbruch der Nacht.

Es war halb elf Uhr abends. Zu dieser Stunde machte Rouk Besorgungen fürs Abendessen, und es kam nicht selten vor, dass ein Kobold wie Abraham Teil der *Besorgungen* des alten Fuchses wurde.

Und das alles für ein Halsband, ist es das wert?, dachte er.

Abraham kam am Waschhaus vorbei – für Rouk ein idealer Ort für einen Hinterhalt. Er gab Acht, kein Geräusch von sich zu geben.

Über ihm begann ein Häher zu schreien: „Abrahaaam! Abrahaaam!"

Er stürzte hinter einen Busch und wartete. Schließlich haute der Häher ab.

Da hörte er Stimmen, die von einem kleinen Feld etwas weiter unten kamen:

„... und ich habe den Eindruck, dass er mich nicht mag",
sagte eine von ihnen.

Er erkannte sie. Es war genau die Jeanne, für die er das Mu-
schelhalsband machen wollte.

„Wie kommst du denn darauf?", sagte die andere Stimme.

„Er beachtet mich nie und meine neuen Kleider auch
nicht ...", sagte Jeanne.

Das stimmt nicht, dachte Abraham. Ich merke immer,
wenn sie etwas Neues anhat. Aber wozu soll es gut sein, ihr
das zu sagen?

„Weißt du", sagte die andere Stimme, „Jungs bemerken so
was nicht immer. Besonders Benoît."

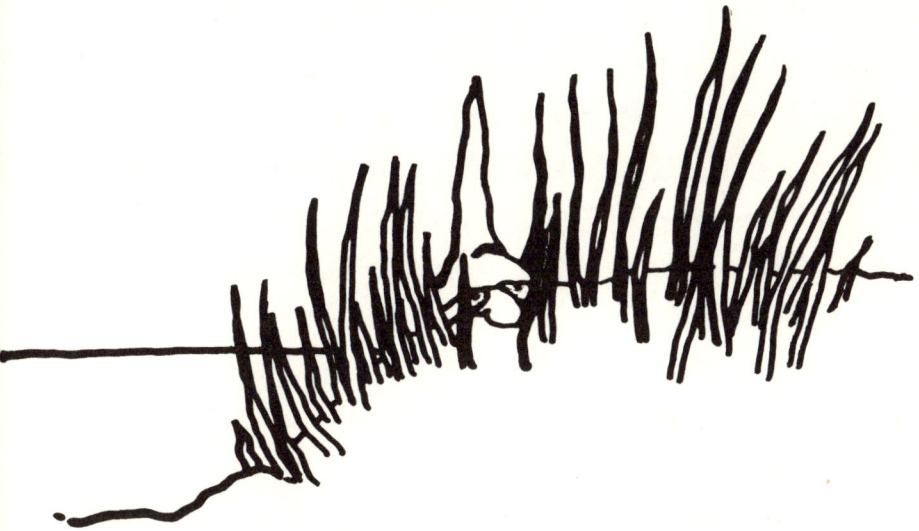

Benoît!!, dachte Abraham. Sie redet gar nicht über mich!!!
„Wie das?", fragte Jeanne. „Schließlich sind sie es doch, für die man sich schön macht."

„Aber nein", sagte die andere Stimme. „Das machst du für dich. Nicht für sie. Du wechselst das Kleid, wenn es schmutzig ist. Das ist alles."

„Nicht nur. Ich wechsle das Kleid, weil ich Lust habe, anders auszusehen als an den Tagen vorher, Lust darauf, dass *er* mich hübsch findet."

„Weißt du, Benoît finde ich gar nicht so aufregend. Aber Abraham dagegen! Ich bin sicher, dass der deine neuen Kleider bemerkt. Kein Wunder, er ist in dich verliebt! Also, wenn ich du wäre ...""

„Ich weiß", sagte Jeanne, „aber Abraham, der kann mich mal. Auf jeden Fall wird der immer in mich verliebt sein. Der, der mich interessiert, ist Benoît."

Abraham ließ den Kopf etwas hängen. Er wartete, bis die Mädchen weg waren, und von weitem erkannte er, wer die andere war. Marie.

Auf das Halsband kann Jeanne lange warten!, dachte er. Jetzt weiß ich, für wen ich es mache.

5. Juli

Sauerkirsch-Gretel

Gretel war eine Koboldin deutscher Abstammung. Mit ihrer rosa Haut war sie hinreißend. Weil ihre roten Zöpfe meistens halb aufgegangen waren, boten ihr ständig Kobolde an sie ihr neu zu flechten.

Das lehnte sie ab, weil es ihr zuwider war, sich die Haare machen zu lassen. Es erinnerte sie an ihre Großmutter Gudrun, eine schreckliche nordische Hexe, der es Spaß bereitete, ihr weh zu tun.

Die Friseurbesuche bei Oma Gudrun hatten, das kann man sagen, ihren Charakter geprägt: Sie war launisch, wehleidig und eine Meckerziege. Und darüber hinaus war sie immer schlecht frisiert.

Ihre kräftige Gesichtsfarbe, die in ein dunkles Rosa, ja Rot überging, wenn sie sich ärgerte, gefiel den Kobolden sehr, denn die fliegen auf Rot. Deswegen hatten sie ihr den Kosenamen Sauerkirsch-Gretel verpasst, was sie schwer in Rage brachte.

Eines Nachmittags, als die Sonne ihre Haut gerötet hatte,

kam sie auf dem Heimweg an Benjamins Haus vorbei. Das
war der größte Schelm von allen.

Um sich nicht wieder seine Neckereien anhören zu müssen,
begann Gretel auf Zehenspitzen zu gehen. Aber Benjamin,
der in seiner Hängematte lag, hatte sie schon von weitem
kommen sehen, weil seine Tür offen stand. Und als sie an
seinem Haus vorbeiging, tat er so, als ob er nur für sich vor
sich hin trällerte:

Sauerkirsch-Gretel,
Wangen wie Schlehen,
klein wie Pygmähähähen.

Ein kleiner Scherz, ohne Folgen. Dachte er.
Da irrte er sich.
Gretel stürzte sich auf ihn, und da sie ihn in seiner Hänge-
matte liegen sah, gab sie dieser einen solchen Schubs, dass
Benjamin sich einige Male um sich selber drehte. Jetzt war
er in seiner Hängematte gefangen wie eine Fliege im Spin-
nennetz.
Gretel brach in heftiges Gelächter aus, das gar nicht zu ih-
rer geringen Größe passen wollte. Sie betrachtete ihn einen
Augenblick, dann ging sie nach Hause.

Benjamin, dem es nicht gelang, sich allein zu befreien, blieb so eine Woche, ohne Essen und Trinken.

Und die Moral von der Geschicht: Sich über hässliche Mädchen lustig zu machen ist gemein, aber schöne Mädchen zu verspotten kann ausgesprochen gefährlich sein.

6. Juli

Der kahle Ulf

Ulf Wolf hatte panische Angst davor, seine Haare zu verlieren. Jeden Morgen, kaum dass er aufgestanden war, betrachtete er sich im Spiegel, stellte fest, dass seine kahle Stelle etwas größer geworden war, und massierte sie sanft mit Hühnerfett, weil man ihm gesagt hatte, dass er so sein Fell zurückbekommen würde. Sein Vater hatte schon seit langem eine Glatze und sein Bruder ebenfalls.

Keine Frage, ich werde auch eine Glatze bekommen, sagte er sich. Aber je später, desto besser.

Seinen Freunden waren seine Haarprobleme so egal wie nur was. Aber als sie sahen, dass ihn das beschäftigte, neckten sie ihn damit bei jeder Gelegenheit.

„Ein Wolf mit Glatze, das ist echt komisch … Auf jeden Fall ist es selten!", sagte Noémie, eine junge Wölfin, die ein loses Maulwerk besaß. „Eine Fledermaus mit Glatze, ja, aber ein Wolf! …"

„Du solltest eine Schirmmütze tragen", sagte Alex, „das würde ein bisschen besser aussehen. So wie jetzt sieht das bescheuert aus, vier schwarze Haare auf deiner weißen Haut."

„Na ja, zumindest, jetzt, wo du kahl bist, kann es nicht mehr schlimmer kommen", sagte Solène. „Außer du verlierst dein *ganzes* Fell. Aber das ist doch gar nicht möglich, oder?"

Diese Spötteleien machten ihn unglücklich, zumal von seiten seiner Freundinnen Noémie und Solène, die er so verführerisch fand.

Eines Tages beschloss er sich Implantate einpflanzen zu lassen, das sind solche Haarbüschel, die man mit einer Art Klammer in der Kopfhaut befestigt. Das war eine sehr schmerzhafte Operation und anschließend musste er einen gewaltigen Verband tragen.

Ulf fand nicht den Mut, seinen Freunden mit diesem weißem Verband gegenüberzutreten, der wie ein Turban auf seinem Kopf thronte. Also beschloss er sich eine Weile bei sich zu Hause einzuschließen.

Seine Freunde, die wegen seiner längeren Abwesenheit besorgt waren, kamen und klopften an seine Pforte. Er antwortete durch die verschlossene Tür, dass er krank sei und in den nächsten Tagen wieder rauskommen würde. Dass seine Freunde sich um ihn Sorgen machten, gefiel ihm. Es erstaunte ihn sogar.

Acht Tage vergingen und Ulf kehrte triumphierend zurück, den Kopf voller goldener, schwarzer und grauer Locken.

Man empfing ihn mit unterdrücktem Gelächter.

Er ging nach Hause und schloss hinter sich ab.

Zehn Jahre sind seitdem vergangen und man spricht immer noch von Ulfs *neuer Perücke*.

Keine Wölfin ist bei ihm eingezogen, Noémie und Solène sind verheiratet.

Mit seiner Glatze hatte er dagegen alle Chancen gehabt.

Mariam, die Heimwerkerin

„So", sagte Mariam, die Maus, „jetzt bin ich mit der Heimwerkerei durch und weiß nicht mehr, was ich machen soll. Ich bin einfach unverbesserlich. Ich weiß nichts mit meinem Leben anzufangen."

Mariam verrichtete für alle Welt kleine Handwerksarbeiten, für alle Mäuse in der Gemeinde, denn keine von ihnen besaß dafür eine echte Begabung. Wegen der kleinsten technischen Probleme kam man zu ihr, vom Taschenrechner, der nicht mehr funktionierte, bis zum Tunnel, der einstürzte.

Mariam konnte also alles, und zu ihrem großen Pech hatte sie das Gefühl, dass alles sie etwas anging.

„Tante Mariam, komm fnell, iff hab mir die Fähne in einer Käferinde eingeklemmt."

„Tantchen Marja, mein Ofen ist kaputt!"

Und so weiter und so fort.

Ihrem Namen ging oft ein „Tante" oder „Tantchen" voraus. Denn sie war die Tante von vielen Mäusen, aber die

Mutter von keiner. Sie hatte keine Zeit gehabt, einen Mann zu finden. Und schon gar nicht, Kinder zu kriegen oder großzuziehen.

Jetzt, wo sie drei Jahre alt war und erwachsen, bedauerte sie das.

„Ich komme, Kinder, ich komme!", sagte sie.

Sie wischte sich eine Träne aus dem Auge, die sie im Eifer des Gefechts alsbald vergaß.

8. Juli

Der Umzug

Der Entschluss, seine Bleibe zu wechseln, ist keine Kleinigkeit, nicht einmal für Murmeltiere.

Jeanne hatte schon seit einiger Zeit mit ihrem Mann darüber geredet, denn Murmelfrauen sind weit weniger häus-
lich als Murmelmänner.

„Auf der anderen Seite des Tals hätten wir's viel besser",
sagte Jeanne. „Da scheint die Sonne bis mindestens acht
Uhr. Hier dagegen wird es selbst im Hochsommer um fünf
Uhr dunkel. Ich habe die Nase voll davon."

„Du weißt, wie schwer es mir fällt, von der Stelle zu kommen", sagte Jean.

„Allerdings, das weiß ich nur zu gut", sagte Jeanne. „Du
hast nie reisen wollen. Ich hätte so gern wenigstens einmal
in meinem Leben eine Grenze überquert!"

„Ist das ein Vorwurf?", fragte Jean.

„Nein, etwas, das ich bedaure ... Nur ein wenig zwar, aber
bedauern tu ich es allemal."

„Das ist ja noch viel schlimmer!", seufzte Jean. „In einem

Vorwurf liegt Hoffnung auf Veränderung, aber ein Bedauern ..."

Jeanne sah Jean an, der nicht die Augen von seiner Zeitung hob, und fragte sich, ob er sie noch liebte. Jean las weiter die Zeitung und sie bekam keine Antwort.

Am Ende der Woche stimmte er dem Umzug zu, nicht gerade begeistert.

Wie jeder weiß, sind Murmeltierhäuser komfortabel eingerichtet. Entsprechend aufwändig fiel der Umzug aus. Es gab ganze Kisten voller Decken aus Pyrenäenwolle, gestickte Tischdecken aus Damast, holländisches Tafelgeschirr, Schränke voller Tuch aus Flandern in den feinsten Pastellfarben.

Am Abend, als Jean sich eben anschickte ein kleines verschlossenes Möbelstück abzutransportieren, fragte er Jeanne: „Was ist das denn? Wo ist denn der Schlüssel zu diesem Ding?"

„Das ist kein Ding!", sagte Jeanne. „Das ist mein Schreibtisch. An dem sitze ich, wenn ich mein Tagebuch schreibe."

„Dein Tagebuch?", fragte Jean erstaunt. *„Du führst ein Tagebuch? Das hast du mir nie gesagt."*

„Stimmt, nein. Na gut, ja. Ich führe ein Tagebuch", sagte Jeanne. „Ich sehe nicht, was daran so außergewöhnlich ist.

Du denkst, du weißt alles über mich, aber da irrst du dich, mein Lieber."

„Und was schreibst du in dein Tagebuch? Darf man das wissen?"

„Eben gerade nicht. Deswegen nennt man es ja auch ‚persönliches' Tagebuch. Man sagt ja nicht ‚öffentliches' Tagebuch, nicht wahr?"

„Wie abweisend du bist!", sagte Jean.

„Ich bin nicht abweisend, Jean", antwortete Jeanne ein wenig entnervt. „Aber du stellst solche Fragen! ..."

Wieder stieß Jean einen großen Seufzer aus. Dann erschien eine Träne am Rand seines runden Auges.

Jeanne sah ihn an und sagte: „Sieh mal, Jean, ich *muss* ein geheimes Tagebuch führen. Es ist *unverzichtbar* für mich, etwas ganz für mich allein zu haben."

„Was denn zum Beispiel?", fragte Jean mit glänzenden Augen.

Die Träne begann zu kullern und fiel ihm auf den Bauch, wo sie einen dunklen Fleck auf seiner blauen Leinenlatzhose machte.

„Jean!", sagte Jeanne, als sie den Fleck voller Zärtlichkeit ansah. „Sei doch vernünftig."

Jetzt stieß sie ihrerseits einen kleinen Seufzer aus, aber das war ganz und gar nicht der gleiche wie der von Jean einige Sekunden vorher. Es war ein Seufzer der Erleichterung: Sie wusste jetzt, dass Jean sie noch liebte. Ruhig sagte sie:

„Gut, ich werde dir einige Abschnitte vorlesen, aber erst wenn wir mit dem Umzug fertig sind."

Jean machte sich mit neuem Schwung an die Arbeit. Noch vor Einbruch der Nacht packten sie die letzten beiden Kartons in ihren Wohnwagen, und als der Mond aufging, verließen sie schließlich ihr Haus.

Als sie ihr neues Heim bezogen hatten, sprach Jean Jeanne wieder auf ihr Tagebuch an. Jeanne tat, was sie ihm versprochen hatte, und noch mehr: Sie las ihm viele Abschnitte aus ihrem Tagebuch vor, die, die sie für die gelungensten hielt.

Aber ob das nicht vielleicht ein Fehler war?

9. *Juli*

Der Kussableiter

Mike mochte keine Küsse.

Um die Kanin-Weib-chen zu ärgern (die Männchen küssen sich nicht untereinander, vor denen brauchte er sich nicht zu schützen), schmierte er sich das Wangenfell mit Marmelade ein. Was die entgegengesetzte Wirkung von dem hatte, was er sich erhoffte: Jetzt ließen sie es nicht dabei bewenden, ihm ein Küsschen zu geben, sie begannen, ihn abzulecken.

Also stülpte er sich eine Kapuze über, kam aber beinahe vor Hitze um. Dann verfiel er auf eine elektrische Brille, bekam aber einen gewischt, sobald er sie aufsetzte.

In seiner Verzweiflung ging er zu Ab the Rab, dem alten englischen Kaninchen, das von so gut wie allem eine Ahnung hatte.

Ab sagte: „Das ist ganz einfach, du musst einen Kussableiter tragen!"

Das brachte Mike nun auch nicht weiter.

„Was ist denn das?", fragte er.

„Das musst du selbst herausfinden", sagte Ab.

Wütend dachte Mike: Das ist immer dasselbe mit Ab. Alles soll man selber machen, angeblich um den „Verstand zu trainieren".

Er ging zu seiner Mutter und fragte: „Sag mal, Mama, weißt du, was ein Kussableiter ist?"

„Nein, keine Ahnung", antwortete seine Mutter. „Ach, apropos Kuss, du hast mir heute morgen noch gar kein Küsschen gegeben! Komm her, mein Kleiner!"

Mike rannte in sein Zimmer und schloss hinter sich ab.

Letzten Endes, so dachte er, würde eine Art gerundete Scheibe genügen, ein durchsichtiger Zylinder, der ganz um den Kopf herumgeht und bis zu den Schultern hinunterreicht, sodass es ganz und gar unmöglich wäre, geküsst zu werden, nicht einmal zur Überraschung, wie seine Mutter es so gerne tat.

Seine Erfindung war ein großer Erfolg. Alle Kaninchen in seinem Alter wollten denselben Kussableiter haben.

Das alte Kaninchen hatte also Recht gehabt. Durch Nachdenken war Mike selber auf die Lösung seines Problems gekommen. Er hatte den Kussableiter erfunden.

Als Mike dreizehn, vierzehn Jahre alt war, hatte er das um-
gekehrte Problem. Er wollte, dass die Kanin-Weib-chen ihn
andauernd küssen. Nun aber küssten sie ihn nicht mehr.
Das alte Kaninchen riet ihm jetzt:

„Das ist ganz einfach, du musst nur einen Kussfänger er-
finden. Und frag mich jetzt nicht: ‚Was ist das?‘ Das musst
du selbst herausfinden."

Aber diesmal fand Mike es nicht heraus.

Der faule Iwan

An diesem Morgen nimmt Iwan Eidex am Strand ein Son-
nenbad. Die Sonne brennt, wie die Eidechsen es lieben.
Und kein Windhauch ist zu spüren.

Iwan ist weggedöst. Esmeralda, seine Frau, sagt: „Iwan!
Du musst noch die Einkäufe erledigen. Hast du daran gedacht?" Iwan antwortet nicht. Er tut so, als ob er nichts gehört hätte.

Esmaralda steckt den Kopf aus ihrem Loch: „Du musst nur
tiefgefrorene Fliegen bei Bigar kaufen", sagt sie. „Das geht
schnell und schmeckt immer gut. Und außerdem lieben es
die Kinder. Iwan! ... Hörst du mich? ..."

Aber bei den Eidechsen macht man sich keinen Stress.

„Bei dieser Hitze loskriechen!", murmelt Iwan nach einer
langen Pause. „Sollen wir nicht warten, bis es etwas kühler
ist? Ich gehe gleich los ... Es ist so angenehm hier ..."

„Und die Kinder? Was sollen die essen?", fragt Esmeralda.

Das stimmt, denkt Iwan. Man muss immer an die Kinder
denken.

Einen Augenblick bleibt er unbeweglich liegen.

„Nun", sagt Esmeralda, „hast du dich zu einer Entscheidung durchgerungen?"

„Okay, ich gehe", sagt Iwan.

Vom Strand zum Markt, das ist ein heißer Marsch. Und lang ... lang ...

Erst auf halber Strecke wird Iwan klar, dass er gar keine Kinder hat.

Er ist wieder mal drauf reingefallen.

11. *Juli*

Die Geschichte von Bénédicte

Die Ameisen sind – so traurig das auch ist – so etwas wie die Erdnüsse der Bären.

Oscar beobachtete eine Ameisenstraße und fragte sich, mit welcher er anfangen sollte.

Eine Ameise hing ein bisschen hinterher und erregte so seine Aufmerksamkeit. Schwups, hatte er sie verspeist. Er wusste nicht, dass diese Ameise eine besondere Geschichte hatte.

Und ob.

Bénédicte war eine faule Ameise, und ständig schimpften die Kameradinnen, die mit ihr Dienst taten, sie aus. Anstatt sofort alles, was sie fand, zu ihrer Majestät der Königin zu tragen, hielt sie ab und zu an, um zu verschnaufen. Dafür war sie bei ihren Kameradinnen wohl bekannt. Zuerst hatten sie sich einfach nur über sie lustig gemacht. Aber dann, als sie sahen, dass sie weniger arbeitete als die andern und so den Ertrag des Ameisenhaufens senkte, beschlossen alle sie bei der Verwaltung anzuzeigen.

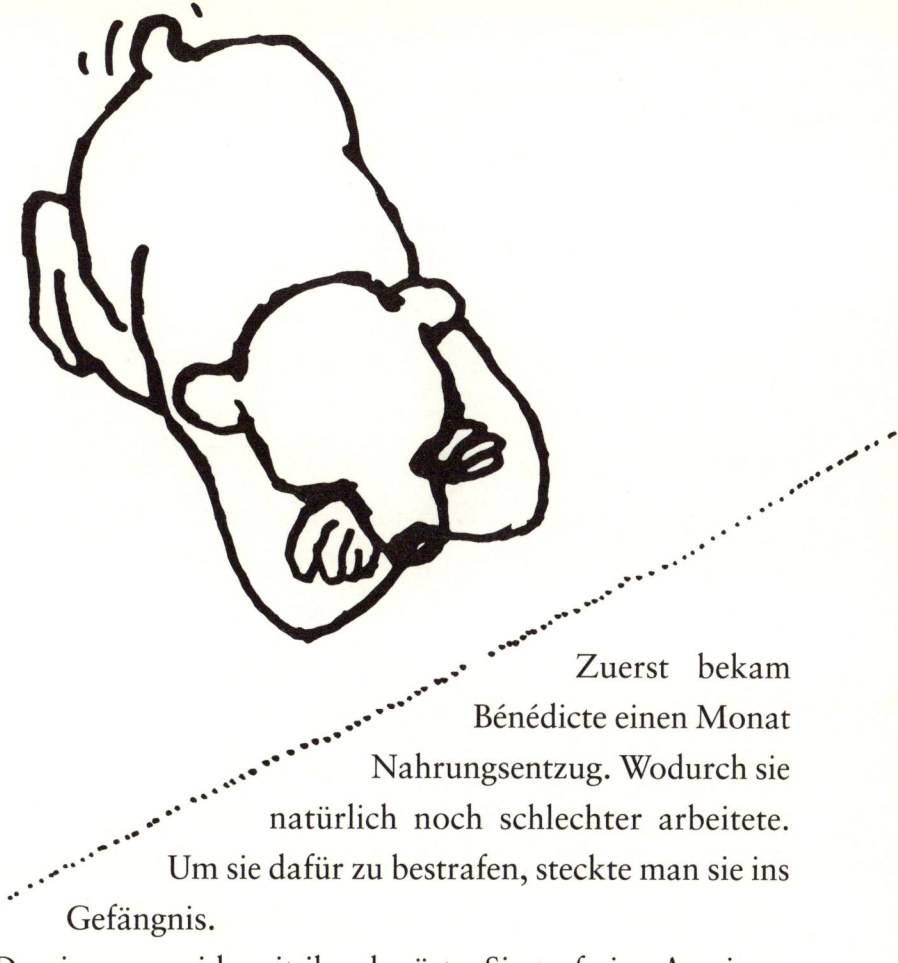

Zuerst bekam Bénédicte einen Monat Nahrungsentzug. Wodurch sie natürlich noch schlechter arbeitete. Um sie dafür zu bestrafen, steckte man sie ins Gefängnis.

Da ging es rapide mit ihr abwärts: Sie traf eine Ameisenbande, die ihr die wirklich rohen Sitten beibrachte.

Als sie aus dem Gefängnis entlassen wurde, beschloss Bénédicte sich zu rächen.

Aber dazu hatte sie keine Zeit. Oscar der Bär lief ihr über den Weg.

12. Juli

Jasmins Ehe

In den Gassen von Hammamet wimmelte es nur so von Leuten. Die Stadt, die normalerweise weiß war, wurde von der tief stehenden Sonne in ein goldenes Licht getaucht. Es war acht Uhr abends. Die Souvenirläden machten gerade erst auf und vom Balkon ihres kleinen Loches im Erdboden beobachtete Jasmin die Passanten. Sie träumte von den Reisen, die die Menschen unternahmen und die sie als gewöhnliche Maus nie machen würde.

Sie hatte gerade geheiratet. Vor einigen Monaten hatte sie noch gedacht, dass ihre Heirat ihr die Tür zur großen weiten Welt aufstoßen würde. Deshalb hatte sie sie so ungeduldig herbeigesehnt. Da diese Ehe von ihren Eltern arrangiert worden war, kannte sie ihren zukünftigen Bräutigam gar nicht, und als sie ihn das erste Mal sah, war sie nicht enttäuscht: Rachid war schön, groß (er war keine Feldmaus, sondern ohne Frage eine Überfeldmaus), intelligent und reich.

Aber bald musste sie ihre Illusionen aufgeben. Außerhalb

des Hauses ließ ihr Rachid keine Freiheit. Alles war ihr verboten. Während er sich mit seinen Kumpels in den Mülltonnen tummelte, blieb sie zu Hause eingeschlossen und musste das Haus sauberhalten, aufräumen, waschen, kochen, und vor allem durfte sie nicht vergessen, sich für ihn schön zu machen, wenn er abends nach Hause kam.

Die ersten Tage dachte sie, dass alle Ehemänner so waren. Aber als sie mit ihrer Freundin Francesca sprach, die auch gerade geheiratet hatte, wurde ihr klar, dass Rachid nicht wie alle anderen Männer war. Sie wollte ihn sofort gegen den von Francesca austauschen, aber die war damit nicht einverstanden.

Noch mal probieren kostet nichts, sagte sich Jasmin einige Tage später.

„Du bist verrückt!", sagte Francesca. „Warum sollte ich meinen Mann tauschen, wo er doch zu mir passt und ich ihn liebe?"

„Um nett zu deiner besten Freundin zu sein", antwortete Jasmin erstaunt.

„Ich glaube, du bist wirklich verrückt!", sagte Francesca.

„Bitte!", bettelte Jasmin.

„Gut, in Ordnung", sagte Francesca.

Sie tauschten also ihre Männer.

Für Jasmin lief alles prima.

Was Francesca betraf, so ließ sie sich nichts von Rachid gefallen. Noch am Hochzeitstag gab sie ihm reichlich zu tun und wider alle Erwartung wurde Rachid ganz annehmbar. Letzten Endes muss man nur genau wissen, was man will.

13. Juli

Das Feuerwerk

Bei den Kobolden ist das, was man Feuerwerk nennt, nichts anderes, als dass sie Glühwürmchen steigen lassen, die sich in der Regel gern dazu hergeben, vorausgesetzt, man bezahlt sie dafür.

Es war das erste Mal, dass Lilly am Feuerwerk teilnahm. Als junges Glühwürmchen hatte sie ihre Beleuchtung noch nicht voll im Griff, aber in der Masse der andern würde es schon gehen, dachte ihre Chefin Hella.

Alle Kobolde hatten sich also am Fluss versammelt, und wie gewöhnlich wurde gesungen und getrunken, während man auf das alljährliche kleine Ereignis wartete.

Die Sonne ging unter. Man hörte noch einige Schreie und Beschimpfungen, auch ein paar Liebeserklärungen, und als es völlig dunkel war, wurde es ganz still.

Im Sack der Glühwürmchen indes sah die Sache etwas anders aus.

Wütend verbot Hella den Mädchen zu leuchten, denn sie seien nicht bezahlt worden, sagte sie. Es gab ein großes

Raunen: Einige Glühwürmchen waren gegen eine solche spektakuläre Aktion. Andere, wie Lilly, die noch nie an einem Fest teilgenommen hatten, waren enttäuscht. Wieder andere schließlich stimmten für eine Bittschrift. Sie wurden jedoch sofort von Hella zusammengestaucht, die völlig zu Recht einwarf, dass Glühwürmchen nicht einmal ihren Namen schreiben können.

Und als der große Sack geöffnet wurde, flogen sie alle in die Dunkelheit davon, ohne auch nur den geringsten Schimmer von sich zu haben.

Und an diesem Abend, wie an manchen Sommerabenden, sah man kein Glühwürmchen.

14. Juli

Das Geheimnis des 14. Juli

Bei den Ameisen ist der 14. Juli der am heißesten erwartete Tag des Jahres. Das ganze Jahr bereiten sie sich auf diesen Tag vor. Immer wieder proben sie, vervollkommnen ihren Stechschritt, lassen ihre Panzer erstrahlen, polieren ihre Fresswerkzeuge und bringen ihre Fallschirmspringerstiefel auf Hochglanz.
Aber wen wollen sie damit beeindrucken? Wer weiß.

15. *Juli*

Radio Schabe

Selbst im Schatten der Platanen waren es mindestens 35 oder 36 Grad Celsius. Es bereitete Mühe, zu atmen. Der kleine Dorfbrunnen war vor ungefähr einem Monat versiegt und das Leben war für alle sehr schwierig geworden. Vor allem für die Schaben von La Garde.

Was die Frösche, Kröten, Schnecken und so weiter angeht, das ist eine andere Geschichte.

Georges war aus Paris im Musterkoffer eines Vertreters für Biosocken aus weichen Naturfasern angereist und hatte eine angenehme Reise gehabt, in einem vollklimatisierten Waggon, der auf achtzig Prozent Luftfeuchtigkeit eingestellt war. Er wollte seine wohlverdienten Ferien im Dorf von Magali verbringen, seiner Cousine aus Südfrankreich. Sie war eine schöne braune Schabe mit einem runden Bauch, faltig wie eine Backpflaume und eine tolle Köchin obendrein. Sie wohnte in einem Keller beim Brunnen, unter der Bäckerei.

Als er aus dem Koffer stieg, waren die Vorhänge des kleinen gelben Hotelzimmers zwar zugezogen, aber es war trotzdem dermaßen heiß! Und die Luft war vielleicht trocken! Nach der kühlen Reise konnte Georges sich kaum einkriegen.

Er begab sich ins Dorfzentrum, betrat mühelos die Kanalisation des Brunnens und was sah er dort – welch ein Malheur! – eine Beerdigung! Alle Schaben des Dorfes waren versammelt. Der alte André, genannt Dédé, auch genannt Radio Schabe, war gestorben. Georges machte in der Menge ohne weiteres seine Cousine aus: Mit ihrem bauschigen himmelblauen Kleid aus vergangenen Zeiten, das im Vergleich zum Schwarz all der anderen Schaben so fröhlich wirkte, und ihren goldenen Ohrringen, die sie über ihre Antennen gezogen hatte, war sie kaum zu übersehen.

„Guten Tag, meine Liebe", sagte er, während er auf sie zuging, um eine ihrer zahlreichen Hände zu küssen.

„Hey, hey! Guten Tag, der Herr aus Paris!", sagte Magali, die

69

sich durch diese charmante, altmodische Geste geschmeichelt fühlte. „Gute Reise gehabt?"

„Danke, ausgezeichnet", antwortete Georges.

„Und was sagst du zu dieser Hitze! Heilige Mutter! So was habe ich noch nicht erlebt. Ich weiß nicht, wie man das aushalten soll. Dédé hat es nicht geschafft. Er ist vertrocknet wie eine Feige auf einem Kirchdach. Und du, geht's dir gut?"

„Mir geht's gut", sagte Georges, „sehr gut sogar! Zumindest im Augenblick. Ich bin zwar etwas überrascht von dieser Hitze, aber ... es geht. Und ... wer war das? Erzähl mal. Ich habe gerade gehört, dass ihr ihn Radio Schabe genannt habt. Warum das denn?"

„Och, das ist ganz einfach!", sagte Magali. „Seine Antennen haben so gut funktioniert, dass er alle Geschichten aus der Nachbarschaft gehört hat. Und das Größte ist, er hat sie alle im Café *Zum klaren Brunnen*, hier auf dem Platz, zum Besten gegeben, während er sich einen kippte. Also ich muss dir sagen, es gibt einige unter uns, die ihm nicht nachtrauern!"

„Ach, und warum? Was für Geschichten erzählte er denn so?", fragte Georges interessiert.

„Oh! Schreckliche Geschichten! Man glaubt ja gar nicht,

wie manche Leute leben! Warte mal, ich werde dir eine erzählen, über Angela. Die wird dir gefallen."

Angela war auch da, wie alle andern. Sie stand in einer
dunklen Ecke der Kanalisation, blass wie eine Schabe aus
dem Norden, und sah ganz zierlich aus in ihrem hautengen
Kleid. Ängstlich schaute sie zum Boden. Als Georges sie erblickte, fand er sie so anziehend, dass ihn Magalis Geschichte gleich zweimal so sehr interessierte.

Trotz dieser entsetzlichen Hitze sind meine Ferien bisher
gar nicht so übel, dachte er.

16. Juli

Ein ziemlich unglückliches Paar

Idris und Chloé warteten, bis alle Schwimmer abgezogen waren, ehe sie sich in den Wellen küssten.

Sie küssten sich immer in den Wellen, Sommer wie Winter.

Aber küssten sie sich wirklich? Wie bei allen Krabben konnte niemand den Unterschied erkennen zwischen ihren Küssen und ihren Streitereien.

Und deshalb waren sie unglücklich.

Warum pfiffen sie nicht einfach darauf, was die andern denken mochten? Das weiß keiner.

17. Juli

Zwei Feldmäuse

Zwei Feldmäuse lagen auf dem Rücken, auf einer weichen, warmen Erdscholle, einen Strohhalm im Mund und den Blick nach oben gewandt. Und schwatzten.

„Ich mag den Mais, wenn er noch grün ist, so wie jetzt", sagte Aldo, „denn das heißt, dass der Sommer gerade erst beginnt." „Ja, und weißt du", sagte Nad, „ich liebe es, wenn die Schwalben schon auf den Stromleitungen sitzen, da oben."

„Wie verschieden wir sind!", seufzte Aldo. „Ich lebe in der Zukunft und du in der Vergangenheit. Und du willst, dass wir zusammenziehen?"

„Aber klar doch", sagte Nad. „Trotzdem."

„Undenkbar", sagte Aldo.

18. Juli

Violettes Uhr

„Zu meinem Geburtstag Nummer fünfzehn", flüsterte Violette ihrem Vater ins Ohr, „wünsche ich mir von dir eine Uhr, aber nicht irgendeine, sondern eine, auf der ich selbst die Stunde ablesen kann."

Mäuse haben nämlich ein Problem mit Armbanduhren. Sie passen aus einem einfachen Grund nicht an ihr Handgelenk: Sie haben kein Handgelenk. Sie brauchen also keine Armbanduhren, sondern Halsbanduhren. Und weil ihre Schnauze sie daran hindert, das Zifferblatt zu sehen, müssen sie immer jemand anderen bitten ihnen die Zeit anzusagen. Genau das wollte Violette um jeden Preis vermeiden, um so als Maus von fünfzehn Jahren ihre Unabhängigkeit zu beweisen.

Der Uhrmacher hatte eine Idee: Er könnte das Halsband verlängern, sodass die Uhr weiter herunterhängen würde.

Aber dann baumelte die Uhr herum, wenn Violette lief, und das hasste sie.

Als sie ihren Freund Benjamin sah, hatte sie eine Idee.

Benjamin war schwerhörig, und wenn er jemanden bat ihm die Zeit zu sagen, musste man sie ihm *ins Ohr schreien.*
Sie musste also eine Uhr finden, die die Stunde *ansagt* und die sie sich direkt ins Ohr klemmen könnte.
Aber so etwas gab es nur in Japan und da kannte sie keine Maus.
Und selber hinfliegen? Ausgeschlossen, sie hasste Flugzeuge.
Außer, zur Not, in der ersten Klasse. Aber das überstieg bei weitem ihre finanziellen Möglichkeiten und die ihres Vaters, eines bescheidenen Mäuserichs im Ruhestand.

Nico und Fred

Nico und Fred wohnten im selben Kirschbaum.

Morgens aufzustehen war immer schon ein Problem für Nico gewesen. Und was er noch lieber tat als einzuschlafen, war: *wieder einzuschlafen*. Deswegen hatte er auch nichts dagegen, geweckt zu werden. An diesem Morgen war Fred Amsel, Nicos Nachbar und Arbeitskollege, prächtig in Form. Seit fünf Uhr hockte er auf seinem Zweig und hatte angefangen, aus voller Kehle ein neues Lied zu singen, das er vor einigen Tagen beim Aufmarsch der Ameisen gelernt hatte, eine fröhliche Melodie mit einem tollen Rhythmus. Nico schreckte aus dem Schlaf hoch.

„So geht das nicht, nein!", schrie er Fred an. „Was fällt dir denn ein? Es ist noch nicht mal Tag."

„Cui-cui-cuicui-cuicuicui-cui-tralala-cui-tralala-cuicui", machte Fred, ohne sich aus dem Takt bringen zu lassen.

„Du bist ja krank", sagte Nico und versuchte wieder einzuschlafen.

„Cuicuicui-cui-tralala-cuicui-tralala."

„Armer Irrer!", murmelte Nico.

Jetzt war er wach. Er hatte am Abend vorher schlecht ge-gessen. Er hatte einen Nachgeschmack von toter Schnecke im Mund. Um ihn loszuwerden, pflückte er eine Kirsche, die über ihm hing. Obwohl sie faul war, schluckte er sie run-ter, nachdem er vorher den Kern auf Fred gespuckt hatte, der nicht mit der Wimper zuckte. Dann schloss er die Au-gen, und es gelang ihm, wieder Anschluss an seinen unter-brochenen Traum zu finden. Er war Adler und flog über die Karpaten. In der Ferne glitzerten verschneite Gipfel unter schwarzen und violetten Wolken. Der Wind trug ihn hier-hin und dorthin ... er schwebte. Das war ein Gefühl, das er als Amsel nicht kannte. In der Ferne sang jemand ...

Das war dieser Idiot von Fred, der den Tag mit seinem neu-en Militärmarsch ankündigte. „Cui-cui-cuicui-trala-lala."

„Fünf Uhr dreißig. Auf die Plätze! Noch fünf Minuten ..."

Er versuchte noch einmal, seinen Traum einzuholen ... aber diesmal gelang es ihm nicht.

Er öffnete ein Auge, pflückte wieder eine Kirsche und spuckte den Kern auf Fred, der ihn diesmal ins Auge be-kam. Endlich hörte er auf zu singen und flog davon.

Uff!, dachte Nico. Noch zwei Minuten. Augen zu.

Aber die Nacht war im Eimer. Es war hell.

20. *Juli*

Schicksal

Alle waren versammelt, um bei Marj zu Abend zu essen. Jeder auf seinem Zweig. Es wurde Abend und die Geräusche des Tages begannen sich zu verwischen. Es war schwül. Ein Gewitter war im Anzug. Dicke Wolken, erst grau, dann schwarz, verfinsterten plötzlich den Wald. Ein schwacher Nieselregen setzte ein, aber weil er das Innere der Bäume noch nicht erreicht hatte, waren die Felle von allen trocken und glatt gekämmt und niemand hatte allzu schlechte Laune. Als der Regen stärker wurde, hatte man sich schon zu den gemütlichen Hohlräumen im Stamm der Kastanie begeben. Schließlich fielen dicke Regentropfen, denen ein gewaltiger Donnerschlag folgte, begleitet von einer starken Windböe. Auf der Suche nach einem Unterschlupf stürzte sich jetzt jeder in das nächstbeste Loch.

Ed überraschte das Gewitter noch mehr als alle andern, so sehr, dass er aus dem Baum fiel. Er stand gleich wieder auf, aber er war ganz mit Matsch bedeckt und seine Brille war verschwunden.

Völlig im Dunkeln tastete er sich mühsam wieder nach oben, irrte sich aber im Baum und klopfte an die erstbeste Tür. Dort wohnte eine Eichhornfrau, die er nicht kannte und die ihn ohne Umstände einließ.

So ist das Schicksal.

21. Juli

Carlo Violi
(italienische Erzählung)

Als er auf der Seufzerbrücke ankam, lief Carlo Violi ein
Schauer über den Rücken, vom Hinterkopf über die
Wirbelsäule bis zur Schwanzspitze, die alsbald anfing zu
vibrieren.

Er war eine alte Angstratte.

Jetzt verstand er, warum man diese Brücke so genannt hatte: Sie hatte etwas Unheilvolles.

Carlo hatte Venedig zusammen mit einer Ladung Reis erreicht. Einen ganzen Monat hatte er seit Genua im Ma-
schinenraum des Frachters *Aghios Nicolaos* verbracht,
und er fand, dass sich in Venedig der Boden mindestens
ebenso sehr bewegte wie das Schiff – wenn nicht mehr –
und dass es in den Häusern viel mehr Wasser gab als im
Kielraum des alten griechischen Kahns, der ihn herbeför-
dert hatte.

Auf der Reise hierher hatte er gedacht, dass endlich etwas
in seinem Leben passieren würde.

Venedig war ja so berühmt! Und wenn nichts groß passieren sollte, na gut, dann hätte er zumindest einige Urlaubserinnerungen.

Carlos hatte gefunden, dass im Augenblick absolut gar nichts in seinem Leben passierte; man muss dazu sagen, dass er seinen Keller in Genua eigentlich niemals hatte verlassen wollen und dass er in dem Monat, den er auf Reisen war, auch sein Schiff nie verlassen hatte: Er hatte an Bord genug zu essen gehabt und das alte, verschlissene Tauwerk war recht komfortabel gewesen. Warum also hätte er etwas anderes suchen sollen?

Aber warum dann, fragte er sich an diesem Abend, hatte er überhaupt das Schiff verlassen?

Kaum war er auf dem Kai, da überkam ihn so eine Unruhe. Irgendetwas sagte ihm, dass er hier ständig auf der Hut sein musste, wenn er keinen Ärger haben wollte.

Er mochte wohl schon endlose Hotelflure besichtigt haben, Häuser voller alter aufpolierter Möbel, Betten mit bestickten Laken, mochte durch herrliche Küchen gelaufen sein, so schmutzig und stinkend, wie man es sich nur wünschen konnte, und durch Rauchabzüge ohne Ende, nirgends aber hatte er bisher die Gefahr so deutlich gespürt wie hier an diesem Kanal nahe dieser Brücke.

An der Ecke des Gritti-Palastes hörte Carlo jemanden rufen: „Ich habe eine!"

Im selben Augenblick erhielt er einen Schlag auf den Kopf und ihm wurde schwarz vor Augen.

Als er erwachte – niemand weiß, wie viel Zeit vergangen war –, fand er sich in einem Karton wieder, zusammen mit anderen Gefangenen aus aller Herren Ländern. Selbst eine türkische Katze war unter ihnen, aber in so jämmerlicher Verfassung, dass sie ungefährlich war.

Und nur wenige Leute wissen, dass er sich noch am selben Abend in einige Dutzend kleine Fleischstückchen verwandelte, die man in Teig gewickelt im Wasser kocht, anschließend mit allen möglichen Soßen würzt, um ihren Eigengeschmack besser zu überdecken, und die völlig zu Recht Ratt-Violi genannt werden.

22. *Juli*

Lina die Egoistin

Es war Nacht. Lina, die braune Maus, reiste mit ihren Freunden im Zug. Da war der finstere François, die blonde Isa, Doudou, der Verführer, Luc und Sandi, die Jungverheirateten, und ihr Baby Claude. Claude war schon lange kein Baby mehr, aber weil er immer noch eine Flasche dabei hatte, nannte man ihn „das Baby".

Im Abteil nebenan lief eine recht angeregte Unterhaltung. Ein Jugendlicher spielte ganz passabel Gitarre. Es war eine Familie von Lemmingen, diese Zigeuner-Mäuse aus dem Norden. Die Luft war trocken und jeder war am Verdursten. Niemand – außer Sandi für ihr „Baby" Claude – hatte daran gedacht, Getränkevorräte einzupacken.

„Nanu, seit wann nehmen denn Lemminge den Zug?", fragte Isa, Linas Freundin, um sich von ihrem fürchterlichen Durst abzulenken. „Ich dachte, die laufen immer zu Fuß oder fahren mit dem Wohnwagen."

„Idiotin", sagte Lina, „das sind Mäuse wie alle andern auch."

Plötzlich hatte der Zug eine Panne, mitten auf freier Strecke. Das kleine Licht, das bis dahin im Abteil gebrannt hatte, ging aus. Es war vollkommen dunkel. Diese plötzliche Dunkelheit brachte alle zum Schweigen, und dann begannen die Lemminge, nach und nach eine Art Gesang (oder Gebet) anzustimmen, begleitet von der Gitarre des jungen Mäuserichs.

Alle lauschten, ohne die Worte zu verstehen, aber jeder war ergriffen von der Schönheit der Musik.

Lina nutzte die Gelegenheit, um sich auf Claudes Flasche zu stürzen und sie völlig zu leeren.

So war Lina.

23. Juli

Ein Abend auf der Insel

Mat sah über das Meer: Über dem Horizont, im Westen, war eine ganze Reihe von kleinen Wolken, die sich die Hand zu geben und ganz brav zu sein schienen, so sah es jedenfalls von weitem aus. Tatsächlich waren es Gewitterwolken, und dahinten auf hoher See dürfte ein richtiger Sturm toben , sagte sich Mat. Aber an der Küste kriegte man davon nichts mit. Man hörte nur das metallische Flüstern der Wellen auf dem Korallenriff.

Vor ihrer kleinen Hütte, einem Geflecht von Filaoszweigen, die das Meer abgewetzt hatte, hatte Mat eine Holzterrasse gebaut, wo sie ihren Tee nehmen konnte. Wie jeden Abend wartete sie auf den Besuch ihres Verlobten. Seit einiger Zeit kam Gigi, um den Sonnenuntergang zu sehen, wie er sagte, und zusammen warteten sie auf das grüne Leuchten, sagten sie, und redeten dabei über dies und das. Sie hatten sich eines Sonntags auf dem Markt in der Hauptstadt kennen gelernt, unter einem Blumenstand, und seitdem sahen sie sich jeden Abend.

Mat hatte das dunkle Fell und die schwarzen Augen der indischen Mäuse von der Insel und Gigi das weiße Fell, die rosa Haut und die roten Augen der Labormäuse. Dort wohnte er auch: in einem pharmazeutischen Labor. Jeden Abend büxte er heimlich aus, an den Wachen vorbei, die zu dieser Stunde Karten spielten. Aber er kam immer wieder zurück, denn, so sagte er, es war ein sicherer Job und dann waren da auch seine Freunde.

An einem Tag hatte Gigi Mat in Angst und Schrecken versetzt, weil er mit einer Stunde Verspätung zu ihrem Rendezvous erschien, und diesmal waren es bereits zwei! Mat war ganz krank vor lauter Sorge.

Und wenn sie dieses Mal ihn für ein Experiment genommen hatten?, dachte sie, während sie ständig neuen Eistee machte, in dem die Eiswürfel zusehends in den letzten Sonnenstrahlen schmolzen.

Als die Sonne verschwand, lief ihr ein großer Schauer über den Rücken. Zum ersten Mal glaubte sie das berühmte grüne Leuchten zu sehen, auf das sie normalerweise zu zweit warteten. Das ist ein Zeichen!, sagte sie sich. Gigi ist etwas zugestoßen! Wenn er jetzt klingelt, frage ich ihn, ob er mich heiratet, das schwöre ich! Er soll nicht mehr in das Labor gehen! Nie wieder!

Nachdem er aus dem Labor gekommen war, war Gigi noch mit Freunden im Café in der Rue de Paris eingekehrt. Das war ein besonders schmutziger Ort, wo die Mülltonnen immer voller toter Langusten, Melonenschalen und Pommes waren und dafür auf der ganzen Insel geschätzt wurden. Anschließend hatte er eine ganze Weile gebraucht, um ein Transportmittel zu finden, das ihn zu Mat brachte. Schließlich hatte er einen alten Lastwagen aufgetan, der Zuckerrohr transportierte und die Küstenstraße hinunterfuhr. Als er am Strand ankam, gegen halb acht, war es bereits dunkel.

Von sehr weit her sah er einen Lichtschein bei Mat, und er dachte, dass sie sich sicherlich Sorgen machte, wenn ihr wirklich etwas an ihm lag.

Und wenn ihr wirklich etwas an ihm lag, warum hatte sie dann noch keinen Annäherungsversuch gemacht? Wenn sie noch keinen Annäherungsversuch gemacht hatte, dann sicherlich deswegen, weil sie schüchtern war, genau wie er. Aber wer weiß, vielleicht würde sie ihn eines Tages aus heiterem Himmel bitten sie zu heiraten, schoss es ihm plötzlich durch den Kopf.

Und in dem Getöse des Lastwagens, der mit vollem Tempo dahinraste, begann er zu pfeifen.

87

24. Juli

Jef

Jef, ein Mäuserich marokkanischer Abstammung, verbrachte seine Zeit damit, auf den Straßen nach seinem verschwundenen Vater zu suchen.

„Geh, mein Sohn", sagte seine Mutter. „Zieh los. Suche deinen Vater, der uns verlassen hat. Lass deine Mutter ruhig vor Hunger und Einsamkeit sterben! Geh hin und tröste den, der an allem schuld ist!"

Jef wusste sehr wohl, dass seine Mutter sich ganz gut allein durchschlagen würde. Und im Übrigen war sie nicht ganz allein: Sie war die Mutter von gut hundert Mäusen, Großmutter von tausenden von Mäusen und die Urgroßmutter von ... das wusste niemand.

Also war er ganz gelassen, als er loszog. Jeder sagte sich: Jef, der spinnt doch. Er sucht seinen verschwundenen Vater, wo doch neunundneunzig Prozent aller Mäuseväter verschwinden, ohne eine Spur zu hinterlassen!

Mit einem winzigen Rucksack (leer), einer Kappe aus Astrachan (gut gegen die Kälte, im Winter wie im Sommer) und einem Paar vergoldeter Schnabelschuhe durchstreifte Jef die Welt. Dabei traf er mehrmals an denselben Orten dieselben Mäuse wieder. Das ist ganz normal. Jedes Mal, wenn er sie sah, schien er überrascht zu sein und glaubte, dass irgendein Gott für diesen schier unglaublichen Zufall verantwortlich sein müsse.

Die Mäuse, denen er so über den Weg lief und die von Haus aus ein wenig einfältig oder zumindest denkfaul waren, hielten diese Begegnungen schließlich auch für außergewöhnlich und sahen in Jef eine Art Prophet unter den Mäusen. Sodass, wenn Jef sie um etwas Geld bat (oder um eine Mahlzeit oder eine Bleibe), sie entzückt waren ihm gefällig sein zu können. Endlich passierte etwas in ihrem kleinen Mäuseleben. Jef zog seinen Nutzen daraus und glaubte bald selber, dass er anders sei als alle anderen Mäuse. Was in gewissem Sinne auch stimmte.

Eines Tages traf er Igor, den er im Jahr davor im selben Restaurant kennen gelernt hatte. Igor aß in aller Ruhe mit seiner Schwester zu Abend.

„Das ist ja kaum zu glauben! Ihr hier!", rief Jef, als er das Restaurant betrat.

„Na so was!", sagte Igor. „Was machst du denn so? Komm und trink einen Schluck mit uns!"

„Lieber nicht", sagte Jef, „ich habe wirklich keine Zeit ...
Na gut ... Aber nur fünf Minuten ... Welch ein Vergnügen,
euch beide wiederzusehen, so schön und bei bester Gesundheit! Ist das Leben nicht schön!?"

Marie, Igors Schwester, sagte nichts. Sie kannte Jef nur zu
gut. Sie hatte ihm für eine Nacht ihr Nest zur Verfügung gestellt und er war drei Monate geblieben, zusammen mit
Freunden, die alles leer gefressen hatten. Die Kellnerin, eine rundliche Maus aus der Bretagne, runzelte die Stirn, als
sie Jef kommen sah, und weil sie ihn für einen Stadtstrei-
cher hielt, forderte sie ihn auf zu gehen.

„Nein, nein", sagte Igor. „Machen Sie sich keine Gedanken. Der Herr ist ein Freund."

Jetzt hielt die Kellnerin Jef für einen Künstler und servierte
ihm ein charmantes Lächeln. Jef, der etwas für dralle Mäuse übrig hatte, ließ sich – absichtlich – zu Boden fallen. Mit
einem Extralächeln half ihm die Kellnerin wieder auf die
Beine zu kommen.

„Wünschen der Herr zu speisen?", fragte sie.

„Du wirst doch eine Kleinigkeit nehmen!", sagte Igor.

„Nein, danke. Danke, Fräulein. Ich esse niemals zu Abend.
Oder höchstens eine Käserinde und ein paar Krümel."

Jef verbrachte einen großartigen Abend. Als die Kellnerin

hörte, wie viel Pech er gehabt hatte (keine Wohnung, keine Arbeit, seine Mutter am anderen Ende der Erde), da schlug sie ihm voller Mitgefühl vor, er könne bei ihr, in ihrer Ein-zimmerwohnung auf dem kleinen Sofa schlafen, wenn ihm das weiterhelfen würde.

„Danke", sage Jef. „Wissen Sie, ich schlafe nur wenig ... Also nur für eine Nacht, höchstens zwei. Sie sind zu lie-benswürdig. Wie heißen Sie?"

25. Juli

Pedro, die Krabbe aus Kuba

Pedro langweilte sich, unten in Manuels Boot.

Ihm fehlte die Musik. In der kleinen Hafenstadt, wo er lebte, östlich von Havanna, hatte er bisher jeden Abend in seinem kleinen Loch im Sand die Musik gehört, die vom *La Terrazza* herüberkam, einem gut besuchten Café am Wasser. Und vor drei Tagen, auf einem Spaziergang, war er dummerweise vom Kai in dieses Boot gefallen. Was für ein Idiot er doch war!

Diesen Abend langweilte er sich am Ankerplatz, in einer bleiernen Stille. Seine einzige Gesellschaft waren ein paar tote Garnelen. Und wenn er sie gegessen hatte, was würde er dann tun? Er probierte sie nicht einmal und verdrehte die Augen.

Sein Bauch hing zur Hälfte im Wasser, aber das reichte nicht aus, um ihn zu erfrischen. Das Wasser war warm und um fünf Uhr hatte die Sonne noch reichlich Kraft. Außerdem befand sich Motorenöl auf dem Boden des Bootes; es roch entsetzlich. In welchen Schlamassel er da geraten war!

Wer sollte ihn hier herausholen? Wen kümmerte schon eine alte kubanische Krabbe, die auf dem Boden eines Bootes mitten im Hafen vor sich hin gammelte? Es gab tausende wie ihn, in jedem Winkel dieser Erde. Was für ein Elend!, dachte er.

Er machte einige Schritte im Wasser, ohne dass es ihm gelungen wäre, völlig unterzutauchen.

In diesem Moment erschien Gonzalès, der Pelikan, aus dem Nichts, setzte sich auf die Ruderpinne und erblickte ihn.

26. Juli

Kochtopf oder Kröte

Wenn sie im Sommer in der Stadt spazieren gehen, sind Hexen nicht unbedingt schwarz gekleidet, sondern eher lila, niemals rot, manchmal rosa, selten blau, öfter gelb. Auf der Straße kann man sie folgendermaßen erkennen: Wenn man einer Frau begegnet – weder hässlich noch mit einer besonders pickligen Nase, denn die hässlichen Hexen mit Warzen auf der Nase sind eine Mär – wenn man also einer Frau begegnet, die rosa, violett, blau oder gelb gekleidet ist und die versucht einen Besen zu verstecken (und selbst wenn sie das nicht versucht) dann muss man zu ihr hingehen und ihr laut „Kochtopf!" oder „Kröte!" ins Ohr rufen. Wenn sie nicht reagiert, dann ist sie keine Hexe. Dann könnt ihr euch entschuldigen, schließlich muss die Höflichkeit gewahrt werden. Wenn sie aber zusammenzuckt und euch einen (scheinbar) erstaunten Blick zuwirft, dann ist sie mit Sicherheit eine Hexe. Ihr seid gewarnt. Und warnt alle in eurer Umgebung!
Dann könnt ihr nur noch die Beine in die Hand nehmen.

Schnecken

Obacht war eine ganz gewöhnliche Schnecke, weder mutiger noch ängstlicher als die andern. Warum ihre Eltern sie ausgerechnet Obacht genannt hatten, weiß niemand genau.

Wahrscheinlich aus Angst davor, dass es ihr an Umsicht mangeln könnte.

Ihre Freunde mochten sie gern. Sie war sanft und friedlich, und weil sie gewitzter und lustiger war als die durchschnittlichen Gastropoden, brachte sie bei Feiern unter Freunden immer etwas Stimmung in die Bude.

Sie hatte eine Hofschar von jungen Schnecken um sich ge-

sammelt, die vor lauter Bewunderung völlig aus dem Schneckenhäuschen gerieten, sobald sie nur den Mund aufmachte, und die über die kleinsten ihrer Späße schallend lachten.

Obacht machte sich nichts vor: Alle diese Schnecken waren üble Schleimer. Eines Tages hatte sie genug davon. Sie wollte ihren Umgang ändern. Die Wellhornschnecken sind lustiger, dachte sie, und ihre Häuser sind *anders*. Also begab sie sich ans Meer. Aber um dort hinzukommen, wie viele Straßen musste sie da entlangwandern oder überqueren, ohne sich platt fahren zu lassen!

Sie hatte Glück. Zwei Jahre nachdem sie die Hauptstadt verlassen hatte, kamen die fernen Gestade in Sicht, und der ihr bis dahin unbekannte Geschmack des Sandes, salzig, voller Würze, erschien ihr köstlich und geheimnisvoll, unvergleichlich besser als der fade, pappige Geschmack des Asphalts.

Bevor sie zum Wasser kam, traf sie eine ganze Reihe von Leuten ihrer Gattung, von den Strandschnecken bis zu den Einsiedlerkrebsen (die ganz lustig sind, aber definitiv keine Weichtiere, dachte sie, was immer sie auch Gegenteiliges behaupten mögen, und vielleicht sind sie ja gerade deswegen so lustig).

Obacht wurde das Maskottchen des ganzen Strandes, eine
Art kleine Prinzessin, sympathisch und etwas eigenartig,
die hier gestrandet war, weit weg von der Stadt und ihrer
Familie.

Sie wirkte recht glücklich. Und dann, eines Tages, hatte sie
wieder genug davon; oder genauer, sie hatte Heimweh. Sie
zog wieder los.

Doch als sie zurück zu Hause war, akzeptierte man sie nicht
mehr: Sie hatte die Ihren verraten, und jetzt kam sie zurück
und erwartete, dass man ihr verzieh? Kannste vergessen.
Anstatt sie herzlich zu empfangen, ließ man sie in der Ecke
stehen. Selbst ihre Eltern waren eingeschnappt. Und ihre
Freunde kamen nicht einmal aus ihren Schneckenhäusern
hervor.

Obacht zog zurück ans Meer. Diesmal verloren ihre Eltern
sie endgültig.

Wenn man eine Schnecke ein zweites Mal aus den Augen
verliert, trifft man sie nie wieder.

28. Juli

Zwei Zwillingsschwestern

Die Feldmäuse Eva und Nell waren Zwillingsschwestern. Besonders hübsch an ihnen war der blonde Flaum ihrer Ohren, der sich von ihrem ansonsten einheitlich grauen Fell abhob.

Es passierte, was bei Zwillingsschwestern oft passiert: Sie verliebten sich in denselben Mäuserich. Er hieß Coco.

Mit einem solchen Namen hätte Coco ein Teufelskerl sein müssen. Weit gefehlt. Coco war ein eher ängstlicher Mäuserich, der in der Schule sehr gut war. Letztlich war es vor allem das, was ihnen so an ihm gefiel. Denn sie waren ziemlich konventionell.

Eines Tages wollten sie heiraten.

Da stellte sich die Frage: Wen von den beiden liebt Coco? Nach nächtelangen Diskussionen beschlossen sie, dass er wählen solle und sie sich seiner Entscheidung beugen würden.

Als jede wieder allein in ihrem Zimmer war, verbrachten sie Stunden damit, sich zurechtzumachen, sich Schmuck und Kleider anzufertigen, neben denen die von Aschenputtel sicherlich so ausgesehen hätten, als hätte man sie aus der Mülltonne gefischt.

Coco bemerkte natürlich, was für prächtige Kleider sie trugen, und fragte sich, warum sie sich so angezogen hatten. Nicht einen Augenblick dachte er daran, dass sie damit ihn, Coco, einen läppischen kleinen Feldmäuserich, beeindrucken wollten. Zumal er sicher war, dass ihre Herzen für andere Feldmäuseriche schlugen, und zwar die beiden Muskelprotze, die sie eines Tages getroffen hatten, als sie zu dritt am Strand entlangspaziert waren.

Coco fand, dass die beiden Zwillingsschwestern wirklich nett zu ihm waren, aber das wollte nichts heißen, dachte er. Viele Mäuse waren freundlich, und wenn man glauben wollte, dass alle freundlichen Mäuse, die ihn etwas kokett anlächelten ... das würde gar kein Ende nehmen.

Die beiden Zwillingsschwestern verloren langsam die Geduld. Wie lange sollten sie denn noch mit dem Heiraten warten? Sie beschlossen zu handeln. Sie mussten Coco direkt ansprechen. Das würde nicht einfach sein, war aber der einzige Weg, damit wenigstens eine von ihnen glücklich sein konnte.

Ohne sich abgesprochen zu haben, hatten beide dieselbe

Idee: Sie zogen sich beide ganz in Blau an – die verführerischste Farbe, dachten sie, warum auch immer – und gingen zu ihm.

„Guten Tag … Tja …", sagte Nell nach einem kurzen Moment der Unsicherheit, als Coco vor ihnen auf der Schwelle stand, verschlafen und in Trainingsanzug und Schlappen. „Wen von uns beiden willst du heiraten?"

Als sie den Mäuserich so nachlässig gekleidet sahen, das Fell ganz struppig und die Augenlider verklebt, da waren die Schwestern zwar etwas enttäuscht, weigerten sich aber diesem Gefühl nachzugeben, und im Übrigen gab es sowieso kein Zurück mehr.

„Wir werden beide deine Wahl hinnehmen", fügte Eva hinzu und schloss die Augen (zum stillen Gebet, ohne jeden Zweifel). „Wen willst du heiraten?"

„Heiraten!!! Was soll das denn heißen: heiraten???", sagte Coco.

Und obwohl er sonst ein braver Feldmäuserich war, eher höflich und schüchtern, schlug er ihnen die Tür vor der Nase zu.

Mit etwas Abstand ist man geneigt zu sagen: Glück gehabt, ihr beiden!

Julie die Zerstreute

1. Januar: 1 Grad Celsius, 29. Juli: 29 Grad Celsius. Das ist logisch, dachte Julie. Daraus könnte man einen Merkspruch machen.

Julie hatte schlecht gedacht, das hätte ihr die erstbeste dahergelaufene Ratte sagen können. Was sollte denn dann am 1. August sein? 1. August: 1 Grad Celsius? Das war Blödsinn.

„Warum nicht?", sagte Julie. Man weiß ja nie.

„Wie bitte?", fragte die Ratte. „Haben Sie etwas zu mir gesagt?"

Julie hatte mit lauter Stimme auf eine Frage geantwortet, die ihr niemand anders als sie selbst gestellt hatte. So war Julie nun mal: zerstreut.

„Oh! Entschuldigen Sie bitte. Ich dachte, sie würden mir meine Schlussfolgerungen vorhalten, die sie wahrscheinlich etwas unsinnig finden würden", sagte sie zur Ratte. „Ich bin etwas zerstreut."

„Das würde ich niemals wagen", erwiderte die Ratte. „Ich

kenne Sie nicht einmal ... das Vergnügen hatte ich noch nicht ... will sagen, diese Ehre! ... Wie heißen Sie?"

„Julie."

„Julie, und wie weiter?"

„Julie, punktum. Haben Sie schon mal eine Ratte getroffen, die einen Familiennamen hatte?"

„Nein, aber so gesehen habe ich auch noch nie ein Rattenpaar gesehen, das so wie wir miteinander diskutierte. Wenn Sie bis zum Schluss logisch sein wollen."

„Man kann nicht logisch bis zum Ende sein! Das will nichts heißen! Und im Übrigen sind wir kein *Rattenpaar*!"

„Das war nur so eine Redensart. Ich wollte nur sagen, zwei Ratten von unterschiedlichem Geschlecht, die sich miteinander unterhalten. Wenn Ihnen das lieber ist."

„Denn wenn Sie die logische Überlegung etwas weiterführen, wie das ja Ihre Absicht zu sein scheint", sagte Julie, „dann würden wir nicht einmal existieren."

„Aber wir *existieren* ja auch nicht!", antwortete die Ratte. „Wie sind Figuren in einer Erzählung."

„Das stimmt", sagte Julie und runzelte ihre hübsche Stirn. „Das hatte ich ganz vergessen. Und Sie, wie heißen Sie ...?"

30. Juli

Sebastians Hochzeit

„Sie haben Sebastian ins Gefängnis gesteckt! Sie haben Sebastian verhaftet!", schrie Marianne, die kreuz und quer über das Feld lief, um es allen zu sagen.

Es gibt alle möglichen Arten von Kaninchen, darunter einige, die im Gefängnis geboren sind und nie rauskommen (Angorakaninchen, Zwergkaninchen, Widderkaninchen und so weiter). Sie haben die Freiheit nie gekannt und halten die Gefangenschaft ganz gut aus. Sie machen jedenfalls kein Riesendrama draus.

Zu denen gehörte Sebastian nicht. Er war ein richtiges Wildkaninchen.

Seitdem er eingeschlossen war, wollte er sterben und magerte zusehends ab.

Marianne hatte eine Idee. Um ihn da rauszuholen, würde sie ihn heiraten.

Sie kannte Sebastian schon ewig. Niemanden würde diese Idee schockieren.

Hinter den Gitterstäben seines Gefängnisses stimmte Sebastian zu. Er war sehr gerührt und sehr überrascht von so viel Zuwendung. Aber wie sollten sie das mit der Trauungszeremonie anstellen?

„Keine Zeremonie!", hatte der Wärter, ein deutscher Schäferhund, gesagt. „Ihr könnt gern heiraten, aber eine Zeremonie kommt nicht in Frage. Warum nicht gleich die Kirche, oder ein Tempel, wo ihr schon dabei seid!"

„Ja und, was sollen wir machen?", fragte Marianne.

„Das Einzige, was ich euch zugestehe", sagte der Wärter, „ist, dass ich den Käfig eine Stunde lang offen lasse. Und das ist sehr großzügig von mir. Aber hütet euch! Bei Fluchtversuch ...", und er machte Marianne gegenüber eine fürchterliche Geste, eine Geste, die besagte, dass sich Sebastian in Kaninchenpastete verwandeln würde.

Es gab also keine Trauungszeremonie.

Sebastians Käfig blieb eine ganze Stunde lang offen und Marianne saß schön brav an seiner Seite. Obwohl sie der Wärter allein ließ, versuchten sie nicht zu fliehen. Im Übrigen hatten sie gar keine Chance, über die Mauer des Hühnerhofs zu kommen.

So saßen sie da, Seite an Seite, eine Stunde lang auf dem Stroh, ohne ein Wort zu sagen.

Als Marianne ihn verließ, war Sebastian nicht mehr traurig und begann ganz langsam zu essen.

31. Juli

Vanilla

Um Punkt sechs Uhr schlürfte Freddy eine kleine Gemüse-suppe ohne Regenwürmer oder irgendeine andere Beilage. Bei der Hitze hatte er auch gar keine Lust, mehr zu essen. Es war nicht nur die Hitze, die ihm den Appetit nahm. Seit-dem Vanilla gegangen war, konnte er die Tafelfreuden nicht mehr so genießen wie früher.

Um sieben Uhr ging er zu Bett.

Um elf Uhr oder Mitternacht schlief er immer noch nicht. Er dachte an Vanilla. Er hatte sie an einem 31. Juli kennen gelernt. Warum war sie gegangen? Er verstand es immer noch nicht, mehr als sechs Monate danach. Vanilla war von weit her gekommen. Für ihren Urlaub hatte sie be-schlossen sich auf einem Frachter einzuschiffen, ohne ge-nau zu wissen, wohin sie fuhr.

Ihr Frachter transportierte Bananen und unter den Bana-nen waren eine ganze Menge köstlicher kleiner Schlangen und das war ganz nach Vanillas Geschmack gewesen. Mangusten lieben das.

Sie hatte während der Überfahrt mindestens zehn von ihnen gegessen.

Als sie in Marseille an Land gegangen war, war sie beeindruckt von den Tauben gewesen, die vor nichts und niemand Angst hatten und auf den Kais zwischen den Menschen und Autos umherliefen; aber ihr Schmutz und ihre Größe stießen sie ab. Für nichts in der Welt hätte sie die gegessen.

Dann, im Bus, in dem sie bis Lyon gefahren war, hatte sie fürchterlich gefroren. Über das Gepäck, zwischen dem sie schlief, hatte eine Art eisiger Wind geblasen.

Das alles hatte Vanilla Freddy erzählt und er erinnerte sich an jedes Wort.

Das erste Mal hatte er sie an der Bushaltestelle in Lyon gesehen, direkt bei ihrer Ankunft: Sie war vom Gepäckraum gesprungen, und Freddy, der – mit einem offenen Auge, wie immer – auf einer Platane am Platz vor sich hin döste, hatte gesehen, wie sie sich davongemacht hatte und in die Küche des Restaurants *Chez Henri* gelaufen war, dessen Mülleimer er als Ratte in- und auswendig kannte. Der Koch von *Chez Henri* macht immer den Fehler, zu viel Knoblauch an die Bratkartoffeln zu tun.

Wie gut sie ohne Knoblauch geschmeckt hätten!, dachte

Freddy plötzlich. Und das veranlasste ihn aufzustehen, um ein Glas Wasser zu trinken.

Aber das alles war vorbei.

Freddy war Vanilla gefolgt und hatte sie dabei überrascht, wie sie *seine* Mülltonnen durchwühlte. Er hatte sich vorgestellt und sie sanft zurechtgewiesen. Er hatte ein wenig angegeben, wie das so seine Art war, und sie gefragt, woher sie käme und wer genau sie eigentlich sei.

„Stellt man solche Fragen einem jungen Mädchen?", hatte sie mit einem ganz charmanten Akzent geantwortet, den er nicht zuordnen konnte.

„Wissen Sie", hatte Freddy geantwortet, „eine Ratte stellt die Fragen, die sie will, danach ist es an ihrem Gesprächspartner zu entscheiden, ob er antworten will ... In der Regel antworten die Leute Ratten nicht, das sind wir gewohnt, also machen Sie, was Sie wollen."

„Ich bin ... eine Manguste ... ich komme aus Goa ... von der Westküste Indiens", hatte Vanilla geantwortet. „Und ich bin in Frankreich, um hier Urlaub zu machen. Das wär's. Sind Sie zufrieden? Ich hasse es, wenn Leute nicht auf die Fragen antworten, die man ihnen stellt", hatte sie hinzugefügt und ihm dabei tief in die Augen gesehen.

Freddy hatte sich auf einen Schlag in sie verliebt. Was für

eine schlanke Taille! Und dann ihre nussbraunen Augen!
Und ihre Art, sich aufzurichten, wenn sie Gefahr spürte!
Das war es, worin er sich verliebt hatte, diese Mischung aus
Flinkheit und Auf-der-Hut-Sein. Denn Freddy mochte es,
sich überlegen zu fühlen. Wie viele Ratten.

Am Anfang ihrer Bekanntschaft schien Vanilla glücklich zu
sein, und sogar etwas in Freddy verliebt. Aber dann hatte
sich sehr schnell ihre Laune verdüstert und Freddys auch.

Was soll man dazu sagen, jetzt, wo sie wieder durch drei
Meere und zehntausend Kilometer getrennt sind?

Dass sie nicht füreinander gemacht waren, das ist alles.

1. August

Katze sein oder nicht sein

Mathilde erlaubte nicht, dass man Bilder in ihrer Hütte aufhängte; sie mochte Hütten ohne Firlefanz, ohne Schmuck, „reine" Hütten, wie sie es nannte. Und der Teppich, mit dem man den Boden bedeckt hatte, ohne sie zu fragen, gefiel ihr auch nicht. Und was das rosa Kissen betraf, das darauf lag, davon wurde ihr schlicht speiübel.

Sie ging ihren Freund Leo besuchen, um ihm ihr Leid zu klagen.

„Weißt du, was sie gemacht haben?", sagte sie, als sie bei dem Kater ankam. „Sie haben mir ein rosa Kissen gekauft."

„Na und?", sagte der Kater. „Ist es bequem? Rosa? ... Das ist doch reizend", fügte er ironisch hinzu.

„Und ob", sagte Mathilde.

„Offen gestanden weiß ich nicht, wie du deine Hütte überhaupt erträgst", sagte Leo. „Die haben sie dir gekauft, um dich zu demütigen, das ist alles!"

„Meinst du?", fragte Mathilde. „So habe ich das noch nie gesehen."

„Du hast auch eine Leine, wenn ich mich recht erinnere",
sagte Leo.

„Ja, aber die ist zum Ausgehen! Sie haben Angst mich zu
verlieren. Das ist normal", erklärte Mathilde.

„Die haben nicht Angst dich zu verlieren! Sie wollen dir
zeigen, dass du *ihr* Hund bist", berichtigte sie Leo.

„Und du, hast du etwa kein Halsband?"

„Sicher doch. Aber das ist, um schön auszusehen. Im Übrigen habe ich es ausgesucht. Sie hatten mir ein rotes gekauft,
das ich abgelehnt habe. Aber ich, ich habe keine Leine! Ich
gehe nicht am Ende eines Stricks spazieren!

„Ich habe den Eindruck, dass Katzen glücklicher sind",
sagte Mathilde nach einer langen Pause. „Das nächste Mal
möchte ich als Katze zur Welt kommen."

Ein netter, ruhiger Nachmittag

Wie jeden Nachmittag trank Joe seinen Tee aus der blauen Tasse, saß zurückgelehnt auf seinem rosa Sofa und hielt ein gutes Buch in der Hand. Für ein Kaninchen war er eine ausgesprochene Leseratte. Und ein großer Teetrinker.

Über den goldenen Garben, direkt unter seinem Fenster, summten die Bienen, und die Zeit verging im Rhythmus der kleinen Schweizer Uhr, die ihr eigentümliches kleines gedämpftes Geräusch machte, so leise und so regelmäßig, dass Joes Augen sich zu schließen begannen.

„Hilfe!", rief jemand im Wald. „Helft mir!"

Joe stellte seine Tasse auf den Beistelltisch, setzte sich auf und spitzte die Ohren. Er war nicht sicher, dass er richtig gehört hatte. Hatte er nicht vielleicht nur *den Eindruck* gehabt, dass jemand schrie, weil er gerade eine Geschichte über Grotten und Höhlen las?

„Hilfe!", wiederholte die Stimme im Wald.

Joe stand auf und ging hinaus. Ihm schien es, als käme die Stimme von Norden, und er ging rasch in diese Richtung.

Ein paar hundert Schritte weiter entdeckte er Frank, einen Freund, der wie tot lang ausgestreckt im Gras lag.

„Hey! Frank! Bist du okay? Was ist passiert?", fragte er und stürzte sich auf das verletzte Kaninchen.

Frank reagierte nicht.

„Hey, Frankie, bist du verletzt?"

Frank flüsterte etwas, was Joe nicht verstand. Er hatte die Augen geschlossen und schien wirklich zu leiden.

„Was ist mit dir los, mein Alter?", fragte Joe und ging noch näher ran.

Da stürzte sich Frank auf ihn und biss ihm ins Ohr. Joe fiel nach hinten, stieß mit dem Kopf an eine Wurzel und verspürte einen scharfen Schmerz, der ihn aufschreien ließ. Frank lachte wie ein Irrer, mit diesem schrillen, unerträglichen Kaninchenlachen, was Joe noch mehr auf die Palme brachte. Er verpasste Frank einen so heftigen Faustschlag, dass er ihm einen Vorderzahn abbrach. Frank fing an zu bluten und entdeckte Blut auf seiner Hand. Er begann zu brüllen.

Joe ging nach Hause, außer sich vor Wut. Zu Hause angekommen verschüttete er Tee über sein rosa Sofa. Er fluchte so sehr, dass das Baby von Jeanne und Ulysse zu schreien begann.

Frank hörte diesen Krach und begann hämisch zu lachen. Es war ihm gelungen, die Nachmittagsruhe zu stören, und er war begeistert.

Aber für den abgebrochenen Zahn würde Joe bezahlen. Teuer.

3. August

Eine richtige kleine Revolution

Der Sommer dauerte an, warm und trocken.

Dieses Jahr, dachte Gil, wird es nicht so viel Honig geben.

Gil Hummel war Honigverkäufer. Da er selber keinen herstellen konnte, war er Händler geworden, und das war gut so, denn die Bienen hatten mehr Begabung fürs Handwerk als für den Handel. Schuster, bleib bei deinem Leisten.

Anfang August musste Hummel mit Viktoria, der großen Bienenkönigin, verhandeln und das tat er nicht gern: Die Königin war hochmütig, und sie wollte einen großen Teil des Honigs behalten, für den Fall eines Krieges gegen die Termiten. Die Verhandlungen würden sich sicherlich schwierig gestalten. Nachdem er eine ganze Weile gezögert hatte, machte sich Hummel auf den Weg zum Bienenstock.

„Sagen Sie bitte Ihrer Majestät, dass ihr bescheidener und ergebener Diener Gil Hummel die Unverfrorenheit besitzt, sie zu dieser frühen Stunde zu stören", sagte er zum Portier des Bienenstocks, „und sie um die unermessliche Gunst einer kurzen Audienz bittet."

Während der Portier losging, um die Königin zu benachrichtigen, bemerkte der Honighändler um sich herum den irrwitzigen Luxus, in dem die Königin lebte. Da erwachte in seinem winzigen Insektenherzen ein gewisser Neid, und als er an seine eigenen gegenwärtigen Schwierigkeiten dachte, wich die Bewunderung, die er bis dahin für die Bienen empfunden hatte, einem Gefühl der Verbitterung.

„Was wollen Sie, mein Herr?", fragte die Königin.

Als er den Kopf senkte, sah Gil die herrlichen Perserteppiche unter den Füßen der Königin in allen Einzelheiten.

„Sie wollen sicherlich, dass ich Ihnen dieses Jahr eine bestimmte Menge an Honig garantiere, nicht wahr?", fuhr die Königin fort, bevor er auch nur den Mund geöffnet hatte.

Gil sah, dass sie auf einem goldenen, mit Edelsteinen verzierten Thron saß. „In der Tat, Majestät, genau das. Wenn das nicht zu viel verlangt ist."

„Das ist es aber", sagte die Königin. „Viel zu viel. Gehen Sie. Sie sind nicht der einzige Honigverkäufer in der Gegend, mein Lieber. Von Ihrer Sorte gibt es reichlich ..."

„Aber ich bin der beste, Majestät. Wenn Eure Majestät gestatten! ... Wenn meine Bescheidenheit mir erlaubt, es Eurer wohlwollenden ..."

116

Die Königin stand auf und ging, ohne auch nur das Ende des Satzes der Hummel abzuwarten. Als er wieder bei sich zu Hause war, empfand der Honigverkäufer einen ungeheuren Hass auf die Königin und auf alle Bienen der Welt. Und so begann die Revolution der Hummeln. Das ist kaum bekannt, aber habt ihr noch nicht bemerkt, dass es immer weniger Bienen und immer mehr Hummeln gibt?

4. August

Der Spaziergang

Eben hatte es aufgehört zu regnen, und nachdem die Sonne das Polster aus grauen und weißen Wolken durchstoßen hatte, schien sie viel wärmer und die Luft war viel durchsichtiger als je zuvor. David, ein Kobold, der etwa zwanzig Jahre zuvor in der Heide geboren war, hatte Lust mit seiner Freundin Kate spazieren zu gehen.

„Du wirst selbst sehen", sagte er, „dass die Erde nach dem Regen weich und warm ist, und barfuß ist das super, man hat das Gefühl, als ob man durch Brotteig liefe.

„Ach! Bist du denn schon mal durch Brotteig gelaufen?", fragte Kate.

„Aber Kate! Das ist eine Redensart!", sagte David enttäuscht, denn er mochte die Vorstellung seiner nackten Füße – und der von Kate – im Brotteig. „Du verstehst sehr gut, was ich sagen will."

„Nein", antwortete Kate.

„Das ist genau dasselbe, wie wenn man sagt ... ‚verwirrt wie eine Eule'", sagte David.

„Ach, man sagt: ‚Verwirrt wie eine Eule‘?", fragte Kate, die
diesen Ausdruck zum ersten Mal hörte.

„Auf jeden Fall sagen das die Kobolde in Belgien", sagte
David. „Das ist so wie ‚sauer wie eine Clementine‘."

„Seit wann kann sich ein Stück Obst ärgern?", fragte Kate.

„Das stimmt", sagte David. „Letzten Endes hatte ich nicht
darüber nachgedacht. Du hast Recht, Obst ärgert sich
nicht, das ist idiotisch."

David wusste sehr wohl, dass diese Clementine kein Stück
Obst war, aber er wollte fünf Minuten Ruhe haben. Und
vor allem wollte er, dass Kate damit einverstanden war, mit
ihm barfuß über den warmen Heideboden zu laufen.

„Also, gehst du jetzt mit mir barfuß spazieren?"

„Spazieren gehen, ja, aber warum barfuß?", fragte Kate.

David gab auf.

„Gut, das macht nichts", sagte er.

Und ging zu sich nach Hause.

Drei Minuten vergingen. Kate klopfte an Davids Tür.
Keine Antwort.

„Also, wollen wir da jetzt hin, in deine Heide?", fragte sie,
ohne einzutreten.

David hörte nicht, wie Kate ihn rief. Sie versuchte es einige
Male.

Aber er war schon hinten rausgegangen und marschierte
ganz allein Richtung Meer.
Seine Schuhe hatte er angelassen.
Ein solches Vergnügen muss man teilen, fand er.

5. *August*

Angela, Lulu, Lola

Frankie hatte versprochen, dass, wenn er seinen Bau aufgeben würde, Lulu ein Vorrecht darauf haben würde. Lulu fuhr also in Urlaub, ohne sich Sorgen darüber zu machen, wo sie nach ihrer Rückkehr wohnen würde. Aber als sie von der Reise zurückkam, welche Überraschung! Angela hatte sich bei Frankie eingenistet!

„Du musst gehen", sagte sie zur der Eindringlingin. „Frankie hat mir seinen Bau versprochen. Ich bin eine Füchsin, wie er. Für einen Steinmarder wie dich genügt auch ein viel kleinerer Unterschlupf."

„Hast du einen Beweis dafür, was Frankie dir *angeblich* versprochen hat?", fragte Angela hinterhältig, denn sie kannte die Antwort sehr gut.

„Du brauchst einen Beweis für das, was ich dir sage?", sagte Lulu. „Frag doch die andern, ob es stimmt, was ich sage!"

Die andern waren Feiglinge. Sie behaupteten, sie wüssten nicht, was sich abgespielt hatte.

Lulu ging zu Eddie Eule, der immer ein Auge offen hielt, wenn es um die kleinen Ereignisse in der Gemeinde ging.

„Ja", sagte er. „Frankie hat Lulu versprochen, dass sie seine Stelle einnehmen kann. Aber wer weiß, ob er nicht das Gleiche zu Angela gesagt hat? Wir kennen alle den Rabauken, und es ist bekannt, dass er sich an alle Mädels ranmacht. Von daher ist es nicht unmöglich, dass auch eine andere Dame Anspruch auf diesen Bau erhebt.

Und tatsächlich trat kurz darauf Lola bei Frankie ein, mit ihrem Koffer und ihren beiden Kindern. Sie sah Lulu und Angela, die lebhaft diskutierten.

„Gut. Das reicht jetzt!", sagte sie laut in den Raum hinein. „Würdet ihr jetzt bitte verschwinden, ich bin Frankies Nachfolger."

„Ach wirklich!", sagte Angela ironisch. „Sie sind also die Nachfolgerin von Frankie?"

„Man sagt nicht Nachfolgerin", korrigierte Lola. „Man sagt Nachfolger, selbst bei einer Füchsin. Gerade bei einer Füchsin. Steinmarder betrifft das nicht. Die trollen sich."

„Ich bin entzückt das zu hören, Professor ... wie? Wie war der Name, darf man das erfahren?" fragte Angela.

„Lola. Sie können mich Professor Lola nennen. Das passt gut. Ich bin nämlich die neue Lehrerin."

Von diesem Augenblick an schwiegen Lulu und Angela, so beeindruckt waren sie von so viel Autorität.

„Wer kann mir sagen, wo sich primo die Toiletten, secundo das Postamt und tertio der Dorfarzt befinden?"

Lulu und Angela überschlugen sich geradezu, um Lola zu antworten, die sich ohne weitere Scherereien bei Frankie niederließ.

Erst viel später wurde ihnen klar, dass Lola gar keine Lehrerin war. Weil aber Füchsinnen von Natur aus Lügner sind, war ihr niemand böse.

Sie war die Schlauste von allen gewesen. Und das respektierte jeder.

6. August

Lolos Fehler

Wie jeder wusste, hatte Lolo Fehler. Wohlgemerkt hinderte sie das nicht daran, viele Freunde zu haben oder zu lachen, und im Übrigen lachte sie öfter als die meisten Kaninchen. Es war Zeit zum Ausgehen. Lolo machte sich noch kurz hübsch. Plötzlich klingelte in ihrem Bau das Telefon. Es war Ben, auch so ein lustiges Kaninchen:

„Was machst du heute?", wollte er wissen. „Wollen wir vielleicht zusammen zu Abend essen?"

Jeder weiß, dass Kaninchen *immer* zusammen zu Abend essen. Lolo begriff also sofort, dass Ben ihr den Hof machen wollte.

„Du meinst, nur wie beide?", fragte Lolo verblüfft.

„Nur wir beide", sagte Ben selbstbewusst.

„Hör auf, Ben! Du weißt selbst, dass das unmöglich ist."

„Es geht nicht darum, ob es möglich ist oder nicht, sondern darum, ob du Lust dazu hast", sagte Ben.

„Natürlich hätte ich Lust dazu, Ben! Aber muss ich dich daran erinnern, dass wir immer *alle* zusammen zu Abend essen und dass man sich nicht einfach absetzen kann? So was tut man nicht!"

„Nein, daran brauchst du mich nicht zu erinnern ...", seufzte Ben. „Wann werden wir uns endlich emanzipieren? Das wüsste ich gern."

„Was willst du", sagte Lolo, „so ist das nun mal, da können wir nichts dran machen! Weder du noch ich werden den Lauf der Dinge ändern!"

Das war einer von Lolos Fehlern. Sie glaubte, dass man an den Konventionen nichts ändern könne.

7. August

Ferien

Ed wusste nicht, was er machen sollte. Er lief in seiner Höhle im Kreis herum, stand auf, um eine Spinne oder Ameise zu knabbern, ohne großes Vergnügen , dann legte er sich wieder hin und guckte an die Decke. Er war ein allein stehender Fuchs, aber einmal pro Jahr erklärte er sich bereit mit seinem Cousin Robert zu Fuß ans Meer zu laufen. Dieses Mal hatte er keine Lust dazu. Er würde also allein zurückbleiben in seinem Winkel im Wald.

Sein Cousin klopfte an die Tür:

„Ah! Du bist's!", sagte Ed. „Geht's jetzt los?"

„Bist du sicher, dass du nicht mitkommen willst?", fragte sein Cousin ganz enttäuscht.

„Jaa!", sagte Ed. „Ich bin sicher. Dieses Jahr bleibe ich hier."

Als Robert weg war, legte Ed sich wieder hin und kaute auf einem Strohhalm. Er fand den Geschmack schlecht, geradezu ekelhaft. Er spuckte ihn wieder aus.

Alle meine Freunde fahren in Urlaub. Für die ist das Leben

einfach, dachte er. Wie kommt es, dass ich jetzt allein hier sitze, während alle Welt sich amüsiert? Was stimmt da nicht? Ich kann mich nicht amüsieren wie die andern. Ich bin immer abseits, ich sehe der Welt zu, aber ich bin nicht drin, als ob ich keinen Platz in ihr hätte.

„Wenn du der Welt zusiehst", sagte ihm eine innere Stimme, „dann ziehe auf deine Weise einen Nutzen daraus. Werde Schriftsteller oder Maler, beschreibe, was du siehst, was du fühlst, tu etwas, werde Musiker, aber warte nicht darauf, dass die Zeit vergeht. Wenn du noch keinen Platz in der Welt hast, dann liegt es daran, dass es den noch nicht gibt.

„Nun ja!", sagte Ed, überrascht von seiner eigenen Stimme, als ihm klar wurde, dass er ganz alleine redete. Was soll das heißen, meinen Platz gibt es noch nicht? Ich existiere aber doch, oder nicht?

Seine Stimme hallte in seinem Bau wider. Es gab eine Pause. Dann hörte er das verzögerte, eingebildete Echo seiner Stimme.

„Ich existiere aber doch, oder nicht? ... oder nicht? ... oder nicht? ..."

„Ja, du existierst, aber du weißt nicht, wo du bist", fuhr seine innere Stimme fort. „Um deinen Platz zu erkennen, musst du ihn dir schaffen. Sich einen Platz schaffen, das heißt, herausfinden, wozu man da ist. Wir sind alle zu irgendetwas da. Denk drüber nach."

Ed überlegte. Aber sein Kopf war wie leer. Er sprang von einem Gedanken zum nächsten, ohne dort zu verharren. Dann schlief er ein.

Die Jahre vergingen. Ed hing immer noch hier und da rum, ging abends zurück in seinen Bau und ernährte sich von dem, was er fand.

Er machte immer noch nichts.

Jedes Mal, wenn er sich hinlegte, fragte ihn seine innere Stimme:

„Ed, hast du drüber nachgedacht?"

„Aber ja doch", schrie Ed entnervt. „Ich habe nachgedacht! Ich tue nichts anderes!"

„Nachdenken ... nachdenken ... nachdenken", hallte das Echo in seinem Kopf wider.

Eines Tages beschloss er, nicht mehr weiter nachzudenken. Aber das war dumm.

Ed war ein Idiot.

8. August

Warum?

Marianne Wiesel ging mit ihrer ganzen Familie spazieren, auf einem dieser Küstenwege mit sehr kurzem Gras, das die Sonne gelb gebrannt hat.

Rechts und links von ihr senkten sich riesige Brombeersträucher voller grüner, roter und schwarzer Früchte, aber nicht weit genug hinab, als dass sie welche hätte kosten können.

„Warum sitzen immer Fliegen auf den Brombeeren?", fragte sie ihren Vater.

„Das ist ihr Nachtisch", antwortete er. „Nachdem sie Kacke gegessen haben, haben sie Lust auf etwas Süßes, das ist ganz normal."

„Sag mal, Papa, und diese Kaninchenköttel, warum sind die immer auf den kleinen Erdhügeln, nie in den Mulden?"

„Ach, weißt du", sagte der Vater, „das ist eine lange Geschichte. Kaninchen sind nämlich sehr ängstlich. Vor dem Ersten Krieg machten die Kaninchen ihre Haufen überall hin, wie alle andern auch, in Mulden, auf ebene Stellen, egal wo. Und dann kam der Krieg, und die Ratten haben die Kaninchen erwischt, als sie gerade dabei waren, Groß zu machen. Also haben sie sich auf erhöhte Plätze gestellt, um alles um sich herum beobachten zu können, während sie ihr Bedürfnis verrichten."

„Das ist logisch", sagte Marianne. „Da haben sie Recht. Und warum machen wir Wiesel nicht das Gleiche?"

„Weil wir keine Angst vor den Ratten haben", sagte Vater Wiesel. „Wir sind so was wie Vettern von ihnen. Und vor allem sind wir schneller."

Im selben Moment tauchte mitten auf dem Weg vor ihnen eine Ratte auf:

„Stopp! Kontrolle!", sagte die Ratte drohend.

„Was für eine Kontrolle?", fragte Vater Wiesel, ohne sich aus der Ruhe bringen zu lassen.

„Kontrolle, das ist alles", sagte die Ratte.

Sie war von der Miliz.

Vater Wiesel stürzte sich auf die Ratte und biss ihr in die Pfote.

Die Ratte begann zu brüllen. Andere Ratten, die sich bis dahin versteckt gehalten hatten, ergriffen eine nach der andern die Flucht, anstatt ihrem Artgenossen zu Hilfe zu kommen.

„Siehst du", sagte Vater Wiesel. „Feige sind sie obendrein. Bisher machten die Ratten ihre Haufen überall hin, genau wie wir. Von nun an wird man Rattenköttel nur noch auf den Hügeln sehen."

„Aber dann besteht doch die Gefahr, dass sie den Kaninchen ihren Platz streitig machen und wieder Krieg mit ihnen führen!", sagte Marianne.

„Das ist wahrscheinlich", antwortete Vater Wiesel. „Man findet immer einen Grund, Krieg zu führen."

Einen Moment lang gingen sie schweigend weiter. Die ersten Schwalben hatten sich auf die Telefonleitungen gesetzt, um miteinander zu schwatzen.

„Papa, warum setzen sich die Raben nie auf Telefonleitungen?", fragte Marianne.

„Weil sie schlau sind", sagte Vater Wiesel. „Hast du schon mal versucht auf einem Draht zu stehen? Also. Mach zu, trödel nicht! Genug Fragen für heute."

Zwei Tage
vor der Sonnenfinsternis

Alle Dorfoberhäupter der Kobolde versammelten sich. Sie überlegten, wie man die Sonnenfinsternis nutzen könnte, um von sich reden zu machen. Sie beschlossen einen *Dummheiten-Wettbewerb* zu veranstalten. Das Dorf, das die dümmste Idee hätte, sollte Sieger sein und zur Belohnung sollte sein Name groß in der Zeitung erscheinen.

Alle Oberhäupter hatten dieselbe Idee: Sie erklärten, dass man von ihrem Dorf aus die Sonnenfinsternis am besten sehen könne und dass man von dort kommen müsse, um sie zu sehen. Das war wirklich das Dümmste, was man sich vorstellen konnte, und alle waren sicher, den Wettbewerb zu gewinnen.

Also bereitete jedes Dorf eine Art Sonnenfinsternis-Fest vor, das die einen *Fest der schwarzen Sonne*, andere *Fest des schwarzen Mondes* oder *Sonnen- und Mondfest* und wieder andere *Mond- und Sonnenfest* nannten.

Alle waren sehr eifrig und sogar übereifrig.

Die Frösche, denen die Sonnenfinsternis so egal war wie nur was, verkündeten lachend, dass es drei Tage regnen und sowieso niemand irgendwo irgendwas sehen werde. Sie waren die Einzigen, die an diesem Tag Spaß hatten.

10. August

Der Tag vor der Sonnenfinsternis

Das Dorf war dreigeteilt. Es gab die blöden Kobolde, die behaupteten, dass am nächsten Tag anlässlich der totalen Sonnenfinsternis die Welt untergehen würde; weiter waren da die kindischen Kobolde, die den blöden Kobolden glaubten, und schließlich die normalen Kobolde.

Paco war einer von den blöden Kobolden. Aber er war kein gewöhnlicher blöder Kobold, er war clever: Eigentlich hatte er diese Idee gehabt, um seinen Laden ins Gespräch zu bringen, der nicht besonders gut lief.

Die, die Paco glaubten, beschlossen sich auf den Tod vorzubereiten.

Die normalen Kobolde beschlossen ein Fest vorzubereiten. Unter denen, die Paco glaubten, gab es einige, die für ihren Seelenfrieden vor dem Weltuntergang alles in Ordnung bringen wollten, und andere, die darauf pfiffen und dachten, dass es angesichts des Weltuntergangs egal sei, ob sie ihr Haus bestellten oder nicht. Diese beiden Gruppen stritten sich.

Unter denen, die alles in Ordnung bringen wollten, befan-
den sich einige, die eine letzte Nacht über den Tod nachdenken wollten. Die anderen wollten sich vor allem so viel
wie möglich amüsieren und an nichts anderes denken. Diese letzteren stritten sich natürlich mit den anderen und
schlossen sich schließlich den normalen Kobolden an, um
zu feiern.

Unter denen, die nachdenken wollten, gab es zum einen
die, die vor allem an die anderen denken wollten, und die,
die zuerst einmal an sich denken wollten, mit der Begrün-
dung, dass angesichts des Weltuntergangs nur man selbst
zähle.

Zu diesem Thema tobte eine heftige Debatte. Diejenigen,
die an die anderen denken wollten, taten dies so sehr – sie
hörten, wie die sich amüsierten –, dass sie sich ihnen
schließlich anschlossen: Auch sie gingen zum Fest.

Denen, die nur an sich denken wollten, wurde sehr schnell
klar, dass es völlig unmöglich war, nur an sich zu denken.
Sie begannen umso mehr an die anderen zu denken, als diese einen solchen Radau machten, dass man nicht nachdenken konnte.

Schließlich blieb nur ein Einziger, der Paco glaubte: Paco
selbst.

Weil er aber diese Prophezeiung gemacht hatte, damit man über ihn sprach, kam er sich etwas blöde vor und beschloss in ein anderes Dorf zu ziehen.

Die anderen bemerkten nicht einmal, dass er weg war, und jeder begann im Rhythmus einer sehr fröhlichen Musik zu tanzen.

11. August

Die Sonnenfinsternis

Als Alex Wolf an diesem Morgen aufstand, fühlte er sich völlig zerschlagen. Wie gewöhnlich klagte er seinem Nachbarn Greg sein Leid: Er hatte Rückenschmerzen und einen fürchterlichen Geschmack im Mund.

Greg schickte ihn nach Hause mit der Bemerkung, dass das nichts weiter sei.

Auf der Schwelle seines Baus kratzte sich Alex lange den Bauch, ohne an etwas besonders Wichtiges zu denken. Er sah in den Himmel und auch das veranlasste ihn nicht an irgendetwas sonderlich Wichtiges zu denken.

Gegen Mittag begann es wegen der berühmt-berüchtigten Sonnenfinsternis, von der der ganze Wald seit Wochen redete, dunkel zu werden.

Alex glaubte, es sei inzwischen Abend geworden, und legte sich wieder schlafen.

12. August

Marius und Jo

Das Grundstück von Jo lag genau zwischen den beiden Kastanien der Familie Schotter auf der einen und dem Ufer des Teichs von Marie Frosch auf der anderen Seite. Und niemand hatte dort Zutritt ohne die schriftliche Genehmigung von Jo, was absolut lächerlich war, wenn man bedenkt, wie wenig Tiere lesen oder schreiben können.

Aber Jo hatte dieses Land von seinem Vater geerbt, einem alten, einsamen Wolf wie er selbst (nicht ganz so einsam, genau genommen, denn immerhin hatte er zwei Söhne und damit mindestens eine Frau gehabt!), und der hatte ihm eins mit auf den Weg gegeben: Niemals irgendjemanden ohne Sondererlaubnis hereinzulassen.

Marius hingegen war dieses ganze Palaver von Genehmigung und Privateigentum schnurzpiepegal. Er war ein Penner-Wolf. Niemand hatte jemals etwas von ihm gewollt, und schon gar nicht, dass er lesen oder schreiben konnte, und wenn das Jo nicht passte, dann sollte er nur kommen und es ihm ins Gesicht sagen.

Nun mochte Jo aber keine Auseinandersetzungen. Also schickte er Benoît los, um sich über die Absichten von Marius, dem Penner, Klarheit zu verschaffen. Wollte er abziehen, ja oder nein?

„Ich bleibe hier", sagte Marius. „Ist mir scheißegal, ob dieses Land irgendeinem Jo oder Hans oder Franz gehört. Mir geht's gut hier, ich bleibe."

„Du weißt aber, was du riskierst, wenn du hier bei Jo bleibst, ohne ihn um Erlaubnis gefragt zu haben!", entgegnete Benoît, diplomatisch wie immer. „Er könnte fürchterlich wütend werden."

„Soll er doch. Das möchte ich mal sehen!", sagte Marius.

Benoît ging zurück zu Jo, um ihm Bericht zu erstatten.

Nichts geschah.

Es geschieht selten das, womit man rechnet.

13. *August*

Soames, die Jungmaus aus Amerika

Es war ein heller, unbeschwerter Nachmittag. Der Sommer war noch nicht zu Ende, aber in der Luft lag schon diese leichte Kühle, die den Herbst ankündigt. Die Kirschbäume, zumindest einige ihrer Blätter, wurden allmählich gelb.

Soames Fairchild, ein ebenso schöner wie einfältiger Mäusejüngling, näherte sich Mary, einer englischen Maus, die auf einer Bank am Sloane Square in London saß und einen Krimi las. Sie hatte ihr Ohr ziemlich weit oben gepierct und trug dort einen kleinen Diamanten.

„Ich heiße Soames", sagte der Mäusejüngling. „Ich bin Amerikaner. Ihre Pelzfarbe gefällt mir wirklich sehr. Wie Seide, super."

„Du bist auch nicht übel, Kleiner", sagte Mary. „Aber ob dir mein Fell gefällt oder nicht, ist mir egal. Ich stehe nicht zum Verkauf. Hast du noch andere Banalitäten auf Lager?"

So hatte ihm in Amerika noch niemand geantwortet.

„Charmant!", sagte Soames verblüfft. Er stand auf und ging.

Das ist zu dumm, dachte er. Normalerweise, wenn er einer Maus ein solches Kompliment machte, dann begann sie verschämt zu kichern und die Sache war gelaufen. Er konnte sie nach seiner Pfeife tanzen lassen, wie es ihm gefiel.

Das lief so bei Mäusen, die keinen richtigen Charakter hatten, wohlgemerkt.

Andere Mäuse, wie diese Engländerin, schienen sofort zu sehen, was Soames für einer war: ein eingebildeter Jüngling, selbstgefällig und gewöhnlich.

Und doch bewunderten ihn seine Kameraden, denn er war immer von kleinen piepsenden und glucksenden Mäusen umgeben.

„Woher nimmst du nur all diese kleinen Freundinnen?", fragten die einen.

„Willst du uns nicht zeigen, wie man das macht?", fragten die andern.

Keiner seiner Kumpel verstand, wie leicht es für ihn war, sich mit diesen Mäusen zu umgeben, die über seine läppischsten Witze lachten.

Aber sie interessierten ihn nicht wirklich. Ihn interessierten eher so welche wie diese Engländerin, Mäuse, die nicht so bequem waren, aber einen festen Charakter hatten.

So dumm war Soames dann doch wieder nicht.

14. August

Bruchstücke eines Mäusetagebuchs

Ich heiße Gloria. Gestern ist etwas Schreckliches passiert.
Als das Meer bei Ebbe zurückwich, ließ es einige nicht sehr
tiefe Tümpel zurück – für uns sind das allerdings richtige
Seen –, die in der Abendsonne glitzerten. Um acht Uhr war
es schon etwas kühl und alles war friedlich. Ein West-
wind – der sich alsbald gelegt hatte – hatte der Luft und den
Farben eine Schärfe verliehen, die sie sonst um diese Jah-
reszeit nicht haben.
Nicht eine einzige Wolke schwebte über dem Wasser. Sie
hatten sich alle im Osten versammelt, weit hinter den gel-
ben Dünen, und bildeten dort einen schwarzen Vorhang.
Auf einer dieser gelben Dünen habe ich bis gestern mit mei-
nem Verlobten Jim gewohnt, auf halber Höhe, zwischen
zwei Grasbüscheln, einem idealen Ort für zwei verliebte
Feldmäuse wie uns beide.
Jeden Morgen sahen wir die Strandgäste kommen, beob-
achteten sie, wie sie sich mit irgendetwas einschmierten,
wie sie dann auf wer weiß was warteten und dabei mit

schwarzen Brillen in die Sonne starrten, wie sie rosa wurden wie Schweine und schließlich wieder verschwanden. Nachdem der letzte von ihnen fort war, gingen wir unsererseits zum Strand, um uns zu erfrischen. Und unterwegs fanden wir immer etwas zu essen: fettverschmiertes Papier, Wurstpellen oder Teile von Kartoffelchips, einige darunter recht groß, jede Menge Brot (oft zu trocken) oder Käserinden. Zu trinken gab es auch: Auf dem Boden von Getränkedosen, die die Strandgäste hie und da liegen gelassen hatten, war oft noch etwas Cola oder andere solcher ziemlich süßen Getränke.

Das war gut.

Gestern Abend, ich weiß auch nicht, warum, hatte ich ziemlichen Hunger. Ich zog als Erste ab in Richtung Meer und bat Jim mich dort später zu treffen.

Kaum war ich weg – ich war schon außer Hörweite von Jim –, als ein Hund kam und seine Nase in unser Loch steckte. Es war unmöglich für Jim, da rauszukommen. Zuerst sah ich nur den Hintern von diesem widerwärtigen Vieh und seinen Schwanz, der wedelte. Es war ein Hund, den wir nicht kannten.

„Jim!", rief ich.

Verlorene Liebesmüh. Ich sah den Kopf des Hundes wieder

hervorkommen. Er hatte Jim zwischen den Zähnen. Wie entsetzlich! Mein Verlobter hing an seinem Schwanz und zappelte wie ein kleiner Teufel! Ohne weiter zu überlegen, eilte ich ihm zu Hilfe. Direkt vor der Nase des Hundes schlug ich einen gleichermaßen prächtigen wie verwegenen Purzelbaum, der den Hund dermaßen verblüffte, dass er Jim losließ, um mir hinterherzulaufen. Die Partie war noch nicht zu Ende! Leider.

Hier endet das Tagebuch von Gloria. Man hätte gern mehr erfahren. Auf jeden Fall ist davon auszugehen, dass Gloria davongekommen ist, sonst hätte sie diese Geschichte nicht schreiben können. Was Jim betrifft, so darf man ebenfalls annehmen, dass er es geschafft hat. Warum? Weil man sich nicht vorstellen mag, dass eine Verlobte den Tod ihres Gefährten so sorgfältig in allen Einzelheiten hätte beschreiben können. Es sei denn, sie wäre von einer noch nie dagewesenen Grausamkeit und Gefühlskälte.

Aber wer kennt schon die Mäuse?

15. August

Ein kleiner Streit

Nico hatte beschlossen zu arbeiten. Er war ein fauler Kobold, und wenn er mal den Beschluss fasste zu arbeiten, musste alles um ihn herum perfekt aufgeräumt sein und völlige Stille herrschen. Nun, an diesem Morgen wurden nicht beide Bedingungen erfüllt und Nico bekam eine Stinkwut auf seine Zwillingsschwester Violette.

„Hör sofort auf solchen Lärm zu machen", sagte er, ohne die Augen von seinem Computer zu nehmen, in den er alle seine neuen Marmeladenrezepte eintippte.

„Ich mache, was ich will", sagte Violette.

„Ich bin am Arbeiten!", schrie Nico und warf ihr einen fürchterlichen Blick zu.

„Ich auch", sagte Violette. „Was ich mache, ist auch eine Art Arbeit: Ich arbeite an meiner Wurftechnik."

Violette warf einen alten Ball aus Schlangenleder gegen die Wand ihres Zimmers, und weil das Leder etwas trocken war, gab es jedes Mal, wenn der Ball die Mauer berührte, einen ziemlich lauten Knall.

„Bitte, hör auf", bettelte Nico und versuchte sich zu beruhigen, indem er die Zähne zusammenbiss.

„Wenn du ‚bitte' sagst, meinst du wohl, muss man unbedingt tun, was du verlangst. Ohne mich!", antwortete Violette und knallte wieder mit dem Ball.

„Wenn das so ist, wenn du Krieg willst, dann sollst du ihn haben", sagte Nico.

Er stand auf und riss Violette den Ball aus der Hand. Sie begann zu schreien.

Nico war ein paar Zentimeter größer als Violette und bei Kobolden macht das viel aus.

Als Nico Violettes Ball mit einer ihrer Haarspangen zum Platzen brachte, konnte sie nichts dagegen machen. Anschließend legte er sich wieder hin (er arbeitete immer bäuchlings auf seinem Bett liegend) und machte Anstalten sich wieder in seine Rezepte zu vertiefen.

Außer sich vor Wut schnappte Violette Nicos Psalter, verließ das Haus und machte einige Schritte, gefolgt von Nico, der nicht gedacht hatte, dass sie es wagen würde, sein Lieblingsinstrument anzurühren. Aber Violette schlug es auf einem Felsen entzwei.

Fassungslos blieb Nico eine ganze Weile stumm. Dann ging er in sein Zimmer und verbarrikadierte sich.

148

Violette begann zu weinen und presste ihren Ball liebevoll an ihr Herz, was ein bisschen lächerlich war, denn bekanntlich sind Bälle keine Lebewesen, sondern tote Sachen.

Nach diesem Zwischenfall waren sie ein oder zwei Jahre miteinander verkracht, ehe sie wieder eine einigermaßen normale Beziehung zueinander aufnahmen, anlässlich ihres gemeinsamen hundertachten Geburtstags.

Die Crêpes von Soizic

Soizic hatte viel Charme. Sie war eine prächtige bretonische Maus mit blauen Augen und um die Sommersprossen auf ihrem Bauch beneidete sie so manche andere.

Soizic konnte Crêpes backen. Und weil es selten vorkam, dass eine Maus sie so gut hinkriegte, hatte sie viel Erfolg.

Ständig war jemand bei ihr zu Besuch. Sie hatte niemals Ruhe. Eines Tages hatte sie die Nase voll. Sie haute ab.

Als sie erst einmal allein auf der Straße stand, mitten in der Nacht, begann sie ihre etwas plötzliche Entscheidung, alles hinzuwerfen, zu bereuen und machte kehrt.

Schließlich brauche ich die Leute nur vor die Tür zu setzen, sagte sie sich. Aber das war gar nicht so einfach, Leute vor die Tür zu setzen. Wie macht man das? Sagt man ihnen: „Geht!"?

Bittet man sie darum, einen allein zu lassen? Das würden sie nicht verstehen und wären verletzt.

Dann hatte sie eine Idee: Sie würde schlechte Crêpes backen.

Als sie die Tür aufschloss, fing sie an zu überlegen, was sie alles verabscheute: Porree, Artischocken, Meeresfrüchte, Melonen und so weiter. Sie beschloss, alles, was ihr zuwider war, in einen Topf zu werfen, und als sie die Schöpfkelle eintauchte, um ihre erste Crêpe zu bereiten, da musste sie zwar würgen, fuhr aber tapfer fort mit ihrem Werk.

Als Erster bekam Clément eine Crêpe. Dummerweise war Clément in Soizic verliebt. Für ihn war sie eine Mausfee. Also aß er die abscheuliche Crêpe, ohne mit der Wimper zu zucken.

Der Zweite, der Soizics Nouvelle Cuisine probierte, war Yvan. Yvan war Soizic niemals vorgestellt worden und er wollte sie auf jeden Fall näher kennen lernen. Also aß er die Crêpes, ohne darauf zu achten, die Augen immer auf die Maus gerichtet. Dann bat er um eine zweite, obwohl er sehr gut wusste, dass die Antwort Nein lauten würde, denn man hatte immer nur Anspruch auf eine einzige.

Die dritte Crêpe aß Soizics eigener Vater, und man weiß ja, wie nachsichtig Väter gegenüber ihren Töchtern sind. Also sagte er nichts über die entsetzliche Crêpe und verließ ihr Haus sehr blass und ohne eine Wort.

Die vierte Crêpe aß Gwen. Gwen war in vielen Bereichen die Erzfeindin und -rivalin von Soizic.

Überzeugt davon, dass ihre Rivalin eine neue Art zu kochen ausprobierte, fand Gwen die Crêpe ausgezeichnet – ohne Soizic das zu sagen, versteht sich – und stürzte nach Hause, um aufzuschreiben, was sie in der Füllung wiedererkannt zu haben glaubte. Sie fasste den festen Vorsatz, die nächsten Tage dasselbe auszuprobieren.

Die fünfte Crêpe kostete Fred. Er war angewidert. Und offen, wie er war, sagte er es Soizic.

„Deine Crêpe ist ekelhaft. Was ist denn da drin?"

Aber er fügte hinzu, dass, egal was sie tat, sie immer die Schönste von allen sein würde und dass er, wenn nötig, zwei solcher Crêpes essen würde – wenn nicht drei.

Soizic war verzweifelt. Sie wusste nicht mehr, was sie machen sollte.

Sie schloss sich ein und weinte. Es wurde Abend. Soizic warf einen Blick nach draußen: Die Warteschlange vor ihrer Tür löste sich langsam unter einem Raunen der Enttäuschung auf. Sie legte sich ins Bett.

Lang ausgestreckt, die weit geöffneten Augen auf die Erdwand ihres kleinen Zimmers gerichtet, fand Soizic keinen Schlaf. Sie fragte sich, warum alle Welt so erpicht auf ihre Gesellschaft war. Natürlich waren da die Crêpes, aber das war keine hinreichende Antwort: Sie hatte versucht entsetzliche Crêpes zu backen, und man stand trotzdem Schlange, um sie zu essen!

Schließlich schlief sie ein und hatte einen Albtraum, in dem sie in einem Teig aus Porree und Melone ertrank.

Am nächsten Morgen machte sie ein Schild, das sie bei sich an die Tür nagelte.

Darauf stand zu lesen:

No more crêpes
Nada
Niente
Nitchivo
Geht zum Teufel!

„Oh!", riefen die ersten Ankömmlinge, die das Schild nicht verstanden. „Guckt mal, Soizic kann mehrere Sprachen! Wir werden sie fragen, ob sie Stunden gibt!"

Und deswegen kamen jetzt auch andere Mäuse angelaufen, die vorher für die Crêpes nie gekommen waren, weil sie angeblich keine mochten.

Diese Geschichte ohne Ende erzählt etwas ziemlich Außergewöhnliches.

So weit kommen nur wenige Mäuse.

Das ganze Leben lang

„Das ganze Leben lang wird das Kind, das in dir steckt, dich begleiten und ein Auge auf dich haben", sagte der alte Igor und stützte sich auf seinen Stock. „Wenn du etwas Schlechtes tust, wird es nichts sagen, aber nichtsdestotrotz wird es sich seine Gedanken dazu machen! Und wenn du etwas Gutes tust, nun, dann wirst du es lächeln sehen. Dein Schutzengel bist du selbst. Weißt du nicht, dass das stimmt, was ich dir erzähle, Nico? ... Nicolas!"

Nicolas war eingeschlafen. Er war ohne Zweifel der wildeste Kobold des ganzen Dorfes, aber wenn er zum Großvater ging, der in Wirklichkeit gar nicht sein Großvater war, den aber alle dafür hielten (was die wirklichen Großväter des Dorfes fürchterlich neidisch machte), beruhigte er sich. Er liebte es, bei ihm einzuschlafen.

Igor stieß Nicolas, der sich etwas schräg hingesetzt hatte, leicht mit seinem Stock an und Nicolas rollte zur Seite. Er schreckte aus dem Schlaf hoch und sagte:

„Ach, Großvater! Ich habe gerade von dir geträumt. Tja,

du warst ich und ich war du. Verstehst du, was ich meine?"

„Du tätest besser daran, zu schlafen, wenn du im Bett liegst, anstatt da bis in die Puppen wach zu bleiben … Sag mal, es ist ein wenig kränkend, mit jemandem zu sprechen, der schläft!"

„Mach dir nichts draus, Großvater", sagte Nico. „Wenn ich bei dir einschlafe, dann deswegen, weil ich mich bei dir wohl fühle und sicher. Glaubst du, ich würde bei Marguerite einschlafen? Was hast du denn gesagt?"

Marguerite war die Hexe, die am dichtesten am Dorf dran wohnte, und jeder kannte sie gut. Einige Kobolde hatten sogar eine gewisse Zeit bei ihr verbracht. Zu denen gehörte Nico.

„Ich habe gesagt, dass das Kind, das in einem steckt, einen das ganze Leben lang begleitet. Und wenn es einen durch ein Unglück verlässt, wenn man seine Anwesenheit nicht mehr spürt, dann ist das eine ernste Sache: Man muss darauf warten, dass es zurückkommt. Und wenn es nicht zurückkommt …"

Nico war wieder eingeschlafen. Diesmal lag er auf dem Boden, zu Füßen des Alten.

Ich fange schon an rumzufaseln, sagte Igor zu sich.

Er stand auf, und während er sich von Nicolas entfernte, hörte er: „Ja! Du faselst rum, mein Guter."

Er drehte sich jäh um. Nicolas schlief, ohne Zweifel.

Uff!, sagte Igor zu sich. Ich dachte schon, es wäre Nico. Es ist gut, jetzt bin ich beruhigt. *Es* ist immer noch da.

Gregs Geburtstag

Am Strand wehte der Wind so stark, dass er Sandböen in die Höhe fliegen ließ. Wie kleine Nadeln peitschten die Körner die Haut der ganzen Koboldfamilie, die sich ausgezogen hatte, um zu baden.

Greg und Alex hatten gerade ein wildes Bad in den riesigen, eisigen Wellen genommen. Die Möwen Charlotte 127 und Charlotte 235, die es kaum gewohnt waren, Kobolde baden zu sehen, fragten sich, was das wohl für kleine rosa Tiere sein mochten, die zu dieser Stunde auf dem Sand um ein Feuer herumzappelten, einige mit Bärten (Jungen), andere ohne (Mädchen), einige mit Zöpfen (Jungen und Mädchen), andere mit Bärten und Zöpfen (Jungen).

Man war bei Anbruch der Dunkelheit an den Strand gekommen, um Gregs Geburtstag zu feiern. Alle waren da. Die Sonne, die sich anschickte ihren allabendlichen Kopfsprung hinter den Horizont zu machen, wärmte nicht mehr sonderlich, zumindest wärmte sie niemanden mehr auf. Man hatte ein Feuer in einem Steinofen gemacht, der im Schutz eines Felsens stand. Darauf brutzelten Weizenwürste mit Muscheln sachte vor sich hin, und es war angenehm, sich hier aufzuwärmen, wo es ein bisschen Wärme gab.

Es war sehr lustig. Jeder hatte seine kleine Geschichte zu erzählen: Der eine hatte eine Qualle gesehen, sechsmal so groß wie er selbst, ein anderer hatte beim Tauchen einen Hornfisch entdeckt, der ihn verfolgte, ein Dritter hatte einem Taschenkrebs ins Auge geblickt und so weiter. Nichts Außergewöhnliches also, kleine Badeabenteuer, wie sie jeder von uns jeden Sommer erleben kann, aber genug, um alle zum Lachen zu bringen.

Und dann erzählte Alex, dass er gesehen hätte, wie eine Wollkrabbe ihm eine Grimasse geschnitten hat.

„Na und?", sagte Nad. „Wollkrabben ziehen immer Grimassen. Was ist daran so erstaunlich?"

„Ach nichts!", antwortete Alex, der sich nicht streiten wollte. „Es stimmt, du hast Recht, Wollkrabben ziehen immer ein bisschen eine Grimasse. Ich habe halt eine gesehen, das ist alles."

„Erzähl doch mal genauer", sagte Nad. „Was für eine Grimasse? Es gibt solche und solche Grimassen."

„Ich weiß nicht ... äh ... so eine Art von Grimasse." Und er verdrehte den Mund und schielte, um so gut wie möglich eine Krabbe nachzumachen.

„Das sieht überhaupt nicht aus wie eine Krabbe", sagte Nad. „Eher wie ein Lehrer am Gymnasium, den ich mal hatte."

„Hör auf, hier so einen Wirbel um nichts und wieder nichts zu machen", sagte Greg. „Es ist nervig, für alles, was man erzählt, Beweise bringen zu müssen."

„Ich habe keine Beweise verlangt, ich wollte nur wissen, wie eine grüne Wollkrabbe aussieht, wenn man ein rosa Kobold ist, der vor Kälte schlottert", sagte Nad so böswillig, wie es nur ging.

Sie wusste sehr wohl, wie eine Wollkrabbe aussieht. Und man hätte sie mal sehen mögen beim Versuch, eine Wollkrabbe nachzumachen! Das war unmöglich, und das wusste sie auch.

Trotz dieses kleinen Zwischenfalls behielten alle den Abend in bester Erinnerung.

Wie Stoffel Chef wurde

Im Dorf von Stoffel gab es, wie sonst auch überall, *Dumpf*bolde (die nicht verstehen, was man ihnen sagt) und *Ko*bolde (die verstehen, was man ihnen nicht sagt).

Es war ein Dorf, in dem nicht viel passierte. Wie in allen Kobolddörfern funktionierte nichts sonderlich gut, aber das war allen ein wenig einerlei. Jeder kümmerte sich um seine eigenen Sachen – und gelegentlich um die des Nachbarn –, ohne davon viel Aufhebens zu machen.

Und dann ließ sich zur allgemeinen Überraschung und vielleicht begünstigt durch die abstumpfende Wirkung der Sommerhitze Stoffel zum Chef wählen. Dabei war jedermann klar, dass man es hier mit einem *Dumpf*bold in der Maske eines *Ko*bolds zu tun hatte.

Seine Wahl war eine exemplarischer Fall von Machtergreifung per Manipulation und zugleich der Beweis dafür, dass er ein *Dumpf*bold im *Ko*boldspelz war.

Am Vortag der Wahl ließ Stoffel seine Schergen anrücken (das war der Beweis dafür, dass er ein verkappter *Dumpf*-

bold war, denn *K*obolde haben keine Schergen). Er verteilte Schokolade an sie, die die Schergen – offensichtlich selber *Dumpf*bolde – so gierig verschlangen, dass ihnen schlecht wurde und sie selbst gar nicht zur Wahl gehen konnten.

Es gab also nicht mehr genug *Dumpf*bolde, die für ihn stimmen konnten.

Stoffel verfiel in eine fürchterliche Raserei.

Wie kann ich die *K*obolde so schnell wie möglich in *Dumpf*bolde verwandeln, damit sie für mich stimmen?, fragte er sich.

„Ich weiß es!", rief er. „Ich werde ihnen eine ungeheure Menge an Sachen versprechen. Wenn ich erst einmal gewählt bin, ist es sowieso zu spät!"

Und sein unglaubliches Wahlmanöver funktionierte perfekt.

20. August

Ach! Verreisen!

Natascha ging gern auf Reisen, beklagte sich aber immer über den Mangel an Komfort in den Häusern anderer Länder.

„In Ägypten schwitzt man im Sommer, in Japan friert man im Winter. Selbst im Herbst gefriert man zum Eisklumpen, trotz unseres Fells", erläuterte sie mit gerunzelter Stirn gegenüber Koumiko, einer japanischen Maus, bei der sie zum Tee eingeladen war.

„Na, dann fahr doch im Winter nach Ägypten und im Sommer nach Japan, meine Liebe", sagte Koumiko, die das Problem nicht sah.

„Schön wär's", sagte Natascha. „Ihr Mäuse glaubt, dass man auf diese Weise alles lösen kann. Das Leben ist aber komplizierter, als ihr denkt. Wohlgemerkt, das mag ich an den Mäusen. Alles scheint so einfach zu sein, während es in Wirklichkeit teuflisch kompliziert ist. Ägypten im Winter, da wird man tiefgefroren und in Japan im Sommer erstickt man."

Natascha lebte allein, aber die Einsamkeit war ihr zuwider. Sie kritisierte andauernd die Mäuse, mochte aber auf ihre Gesellschaft nicht verzichten. Sie hasste Fußball, konnte sich aber nicht verkneifen, den Fernseher einzuschalten, jedes Mal, wenn es ein Spiel gab. Wie alle Katzen war sie sehr kompliziert.

Genièvre mischte sich in das Gespräch ein.

„Und warum nicht Ägypten im Frühjahr und Japan im Herbst?", fragte sie.

„Das ist richtig", stimmte Koumiko ein. „Warum eigentlich nicht?"

Natascha wußte nicht, was sie antworten sollte. Daran hatte sie nicht gedacht. Sie stand auf und ging, wobei sie leicht mit dem Schwanz wedelte, was bei Katzen ein untrügliches Zeichen von Gereiztheit ist. Ohne auch nur „Auf Wiedersehen" zu sagen, verließ sie die beiden Mäuse, die sich aus den Augenwinkeln anguckten.

21. August

Der Tauchwettbewerb

Am Strand von Großensand gab es einen Tauchwettbewerb.

Es war acht Uhr abends. Die Sonne stand tief, ihre goldenen Strahlen spendeten kaum Wärme. Am blassblauen Himmel zeigte sich nur noch ein wenig Weiß und das Meer war glatt. Ideale Bedingungen also.

Die Krabben Jean, Tom und Manu waren in Pole-Position, die Wollkrabben Isa, Didi und Kim direkt hinter ihnen.

„Auf die Plätze! Fertig! Los!"

Versteckt hinter den hohen Gräsern oben auf dem Kliff warteten die Möwen Charlotte 345 und Charlotte 896 seit Stunden auf dieses Signal, um im Sturzflug hinabzutauchen.

22. August

Alexis

Alexis lag flach auf dem Bauch. Seine rote Mütze, die er bis zu den Augen hinuntergezogen hatte, ragte kaum aus dem blasslila und goldfarbenen Heidekraut hervor.

Seit gut zwei Stunden beobachtete er Fleur.

Was Fleur betraf, die hatte ein gelbes Kleid angezogen: Man sah nur sie, wie sie da oben auf dem Felsen über dem Strand saß. Sie bewegte sich auch nicht. Dann und wann warf sie einen so unauffälligen Blick in Richtung Heidekraut, dass Alexis das von seinem Versteck aus nicht mitkriegte.

Vor dem rosafarbenen Himmel hob sich ihre Silhouette wie die einer winzigen Sirene ab, die sich im Abendrot trocknen lässt. Ihre blonden Haare, die sie im Nacken zusammengebunden hatte und von denen ihr einige lockige Strähnen über die Schulter fielen, schienen im Sonnenlicht Feuer zu fangen und sahen aus wie eine schillernde Krone. Alexis dachte, dass das kein Zufall sein könne.

Er kaute auf einem Grashalm herum, ohne seine Augen

von ihr nehmen zu können, und fragte sich, wie er sie am besten ansprechen könnte.

Ich kann sie nicht fragen, wo sie wohnt, dachte er, denn das weiß ich ganz genau, und sie weiß, dass ich es weiß.

Tatsache war, dass sich Alexis und Fleur seit ihrer Kindheit kannten.

Ich kann sie auch nicht fragen, ob sie mit mir einen Spaziergang macht. Das ist zu direkt, und was für eine Ohrfeige das wäre, wenn sie Nein sagt!

Ich könnte sie fragen, was sie im Augenblick macht, aber das weiß ich auch. Sie macht nichts. Sie langweilt sich, genau wie ich.

Alexis betrachtete sie noch eine ganze Weile. Er fand, dass sie die schönste Koboldin des Dorfes und zweifellos der ganzen Welt war, und zwar mit Abstand. Sie waren niemals richtige Freunde gewesen. Warum eigentlich? Alexis hatte keine Ahnung. Ihre Familien verstanden sich nicht besonders. Vielleicht war es ja das.

Ich könnte sie fragen ...

Alexis überlegte immer noch.

Aber warum sollte er sie eigentlich etwas *fragen*? Warum nicht lieber etwas zu ihr sagen? Ihr ganz einfach *sagen*, dass er sie schön fand oder dass er sie liebte! Wie schwierig das war! Und doch war es das Einzige, was er ihr sagen mochte!

Nachdem er noch einen Augenblick gezögert hatte, entschied sich Alexis. Schluss mit dem Kinderkram, sagte er sich.

Im selben Augenblick tauchte das kleine, mürrische und unangenehme Gesicht von Fleurs Vater hinter einem Farn auf. Wütend starrte er Alexis an.

Heute ist nicht der richtige Tag, dachte Alexis. Eine weise Erkenntnis.

Er stand auf und bewegte sich in Richtung auf das kleine Eichenwäldchen zu.

23. *August*

Franz der Schlappschwanz

Unter den zahlreichen Kobolden des Waldes von Boulogne gab es einen, der weder kleiner noch hässlicher war als die andern, aber um einiges rundlicher und unbeweglicher. Und die Tatsache, dass er dick und schlapp war (um einmal die Dinge beim Namen zu nennen), hinderte ihn daran, richtig zu der Gruppe zu gehören, die jeden Nachmittag zusammenkam, um in der Großen Lichtung zu spielen.

Er hieß Franz (ein Name, bei dem man eher an ein großes, mageres Nervenbündel denken würde, aber so hieß er nun mal). Er galt als eine Art stinkender Penner-Kobold, und wenn man ihn vielleicht auch nicht hasste, so hatten die andern doch wenig für ihn übrig und hielten gehörigen Abstand. Franz hatte sich zwar an diese Einsamkeit gewöhnt, verdankte ihr aber eine gewisse Traurigkeit im Blick.

Er gehörte zu den Schwarzkobolden, einer Familie von Kobolden, die zwar keine schwarze Haut hatten, aber schwarze Kleidung trugen, und man konnte wirklich nicht behaupten, dass dieses mickrige und hässliche, dieses

dicke, schlaffe, schmutzige und übel rie-
chende Wesen, das einen traurigen Blick
hatte und ganz in Schwarz gekleidet war,
sonderlich anziehend war.

Als ihn dann eines Morgens eine junge Koboldin heiratete, blond wie Gerste und frisch
wie Milch, in einem mit Blumen besäten
Kleid und mit einem kräftigen Lachen,
da dachte jeder, sie wäre eine falsche
Koboldin, also eine Hexe. Nun ja,
da täuschte sich eben jeder. Wie
immer.

Warum hässliche und abstoßende Wesen andere anziehen
können, die charmant sind und herrlich duften, ist ein Rät-
sel. Aber wenn das niemals geschähe, wäre die Welt gar zu
ungerecht.

Das ist sie so schon zur Genüge.

24. August

Nessim

Nessim hatte beschlossen niemals zu verreisen.

Und wäre es auch nur für einige Wochen, dachte er, so würde es ihm doch zu sehr zu schaffen machen, sich von seiner geliebten Gosse zu trennen, seinen düsteren Gassen und diesem schönen Licht, das am Abend dahinten, an der Küstenstraße seiner geliebten Stadt, auf seine teuren Müllhaufen fiel.

Wie jeden Abend setzte er seinen blutroten Tarbusch auf und machte einen Spaziergang.

Er trieb sich auf dem Kai herum, als die Sirene des größten chinesischen Frachters, den jemals eine Ratte zu Gesicht bekommen hatte, zum Abschied ertönte. Er sah das Schiff mit starrem Blick an und begann zu träumen.

Da ergriff ihn ein unwiderstehliches Verlangen alles zurückzulassen, nicht für die Ferien oder für einen kurzen Ausflug, sondern um ein neues Leben zu beginnen. Es verschlug ihm den Atem und wie gelähmt blieb er vor diesem Schiffsrumpf stehen.

Plötzlich warf er sich ins Leere, packte das Haltetau, kletterte bis zur Ankerkette, ließ sich zur Winde hinabrutschen und verschwand im Laderaum des Frachters, im unwiderstehlichen Sog eines wunderbaren Geruchs von Dieselöl und verfaultem Fisch.

Muss man hinzufügen, dass man nie wieder etwas von ihm gehört hat?

Marcella Zikade und
Andrea Ameise

Zwischen den Kiefern erstreckte sich die sandige Allee strahlend weiß und kerzengerade bis zum Horizont. Im blauen Schatten der Bäume, wo man es normalerweise gut aushalten konnte, war es genauso brennend heiß wie im direkten Sonnenlicht. Ein Duft von warmem Harz lag in der Luft.

Marcella Zikade schlief, grau auf grauer Rinde. Plötzlich erwachte sie. Im schrillen Getöse des Waldes hörte sie ihren Namen. Jemand rief nach ihr.

„Marcella! Hey! Marcella! Willst du nicht herunterkommen? Ich habe eine Bitte an dich."

„Hey da unten! Wer ist das?", fragte Marcella, ohne den Kopf zu wenden, denn Zikaden haben keinen Hals.

„Ich bin's. Andrea, deine Zwillingsschwester. Andrea Ameise. Ich möchte dich … um einen Gefallen bitten, das heißt, ich … Kurzum! Tu mir einen Gefallen unter Schwestern, wenn du so lieb bist."

„Und was ist das für ein Gefallen?", fragte Marcella misstrauisch.

„Ein kleiner Gefallen", sagte Andrea geheimnisvoll. „Jedenfalls kein sehr großer."

Widerstrebend, aber voller Neugier nahm Marcella Anlauf, hob vom Baum ab und landete mitten auf dem Weg.

„Hier, hier!", schrie Andrea verzweifelt und mit aufgeregten Gesten, die für Marcella kaum sichtbar waren. Denn, tollpatschig wie alle Zikaden, hatte sie sich dahin fallen lassen, wo es gerade ging, und war ziemlich weit weg von der Ameise gelandet.

Sie waren beide in Saint-André geboren, einem kleinen Dorf in einigen Kilometern Entfernung, vor ungefähr einem Jahr und an einem ähnlich heißen Tag wie heute.

Nach einem guten Marsch kam Andrea Ameise bei Marcella an.

„Ah! Da bist du ja", sagte die Zikade. „Tut mir Leid wegen der Landung. Du weißt ja …"

„Na ja, beim Runterkommen machst du dir zumindest keine große Mühe, du fällst wie ein reifer Pfirsich. Das ist praktisch", sagte die Ameise.

„Das ist gar nicht mal so praktisch, stell dir vor. Wenn du auf den Rücken fällst oder in einen Dornbusch. Von wegen

‚praktisch‘. Denkste! Aber um jetzt mal zu diesem Gefallen zu kommen, was genau ist das?"

„Die Sache ist die", sagte Andrea, „ich muss heute Nachmittag nach Mimizan. Ein Trauerfall. Ja, eine alte Tante, weißt du. Und da hab ich mir gesagt …"

„Oh! Ich sehe schon, worauf du hinaus willst. Du hast dir gedacht: Es gibt ja Marcella, die fliegende Zwillingsschwester, die kann mir nichts abschlagen. Ob ich sie bitte, mich hinzubringen? Wo sie doch sowieso den ganzen Tag nichts tut, wie alle Zikaden, kann sie ruhig einen kleinen Hin- und Rückflug über die Kiefernwipfel machen. Außerdem wird sie das erfrischen. Das hast du dir doch so gedacht, nicht wahr?"

„Öh … nicht ganz so", sagte Andrea. „Zum einen habe ich niemals gesagt, dass du nichts tust. Ich habe es oft gedacht, aber nie gesagt. Ein bisschen stimmt das ja auch, gib's zu! Du hast geschlafen, als ich dich gerufen habe, oder etwa nicht?"

„Ganz und gar nicht", log Marcella. „Ich habe nachgedacht. Was dachtest du denn!"

„Aha! Und worüber hast du nachgedacht, wenn man fragen darf?"

„Ich habe ausgerechnet über Ameisen nachgedacht, stell

dir mal vor. Ich habe mich gefragt: Was müssen sie denn die ganze Zeit arbeiten, diese Irren? Was haben sie davon? Niemals sieht man eine Ameise irgendwo rumsitzen! Das ist unglaublich! Immer tragen sie etwas mit sich rum, eilen davon, um etwas zu holen, laufen im Zickzack irgendwohin, keiner weiß es, in Reihen, wie Sklaven."

„Tja nun! Was willst du, so ist das Leben", sagte Andrea. „Man kommt als Ameise oder Zikade zur Welt, das ist reiner Zufall. Und außerdem mag ich das Nichtstun nicht, weißt du, das ist was für Zik …"

„Für Zikaden, nicht wahr? Weißt du, meine Liebe, deinen Gefallen, den kannst du abhaken."

„Ach, komm schon. Nimm das doch nicht so ernst! Wir könnten unterwegs ein bisschen plaudern."

Plaudern, das ist bei Zikaden der wunde Punkt, und das weiß Andrea. Sie weiß, dass die weiblichen Zikaden zum Schweigen verdammt sind, damit die Männer ihr Dingsda reiben und um die Wette Radau machen können. Andrea weiß das und alle Zikadenfrauen leiden darunter. Sie würden zu gern auch Radau machen, aber das ist verboten. Unter Mädels plaudern, das ist ihre kleine Sünde.

„Na gut, weil du's bist", sagte Marcella. „Aber mach schnell. Und glaub bloß nicht, dass ich da dann während der Beerdigung auf dich warte. Du musst sehen, wie du allein zurückkommst. Für den Heimweg findest du bestimmt eine von diesen Zikaden, *die den ganzen Tag nichts tun*, nicht wahr?"

„Ja doch! Ja doch!", sagte Andrea. „Ich wollte dich noch um eine andere Kleinigkeit bitten!"

„Raus damit!", sagte Marcella.

„Ja", fuhr Andrea fort. „Ach! Das ist gar nichts ... Man müsste ... Also ich hätte gern, dass du mir, während ich in der Messe bin, einen Kühlschrank ... Oh! Nichts Großes! Ein winziger Ameisenkühlschrank, den ich von meiner Tante geerbt ..."

Marcella war schon weg.

Niemand kann aus seiner Haut, dachte sie, als sie zu ihrem Baum zurückflog, von dem sie wusste, dass sie ihn nicht beim ersten Versuch erreichen würde.

Fanny, Milly, Jo und die andern

Da waren Fanny, Adrienne, Marinette, Bernardine, Cyprienne und Julie: eher der klassische Typ von Schwalben. Und dann waren da Jo, Milly, Gus, Bertie, Andy und Jackie: eher Jazz.

„Guck sie dir an", sagte Bernardine zu ihren Freundinnen, „die machen auf Do Do Si La Si Re, das bringt's nicht. Los! Ich hau ab nach Ägypten. Los geht's, Mädels."

„Guck dir die Alten da drüben an", sagte Jo zu ihren Freundinnen. „Si La Si Sol Do Fa, was soll das denn sein? Vivaldi? Oder vielleicht Bach? Verziehen wir uns nach Afrika, da läuft die wahre Musik."

Zwei Elstern

Elstern sieht man oft zu zweit. Das liegt daran, dass sie sich
lieben. Sie bleiben immer beisammen.
Zwei Elstern liebten sich. Sie blieben immer beisammen.
Eines Tages fragte Julie Romain: „Sagst du mir alles?"
„Natürlich nicht. Wie schrecklich!", antwortete Romain.
„Jetzt hör mal auf, Würmer zu suchen, und antworte mir
ernsthaft", sagte Julie.

„Ich habe dir absolut ernsthaft geantwortet. Warum sollte ich dir alles erzählen? Es gibt Dinge, die ich für mich behalten will."

„Es gibt also Dinge, die du vor mir verbirgst?", fragte Julie.

„Verbergen, das klingt wie verheimlichen", sagte Romain. „Ich verheimliche nichts vor dir, aber es gibt Dinge, die ich dir nicht sage. Das ist nicht das Gleiche."

„Ich verberge nichts vor dir", sagte Julie. „Und zwar deswegen, weil *ich dich liebe*."

Romain wollte dieses Gespräch nicht fortsetzen. Er liebte Julie, daran gab es keinen Zweifel. Aber was genauso sicher war: Er wollte an bestimmte unmögliche, verrückte, idiotische Dinge denken, ohne darüber mit Julie oder irgendjemand sonst zu sprechen. Er wollte Träume und Gedanken haben, die ihm ganz allein gehörten.

Als sie am Abend zum Nest nach Hause kam, sah Julie Romain auf eine seltsame Art an.

„Jetzt sag nicht, dass du wegen des Gesprächs vorhin sauer bist!", sagte Romain.

„Ich bin nicht sauer", antwortete Julie, „ich bin traurig."

„Na gut. Ich werde dir beweisen, dass du mir auch nicht alles sagst", erklärte Romain.

„Wie willst du das wohl anstellen!", sagte Julie.

„Willst du damit sagen, dass alles, was du weißt, dass ich das auch weiß?"

„Nun, ich denke ... ja", sagte Julie.

„Also haben wir uns nichts mehr zu erzählen?", fragte Romain.

Julie wandte ihm den Rücken zu und schmollte den ganzen Abend. Und am nächsten Tag war der ganze Streit vergessen.

28. August

Der Besuch

Es waren einmal, vor langer Zeit, drei reizende Hexen. Mary war die älteste, Tadjo die zweite und Lise die jüngste.
Alle drei trugen ein Schmuckstück, und zwar da, wo Hexen es oft tragen: an der Nase. Bei Mary und Tadjo war es eine Art Diamant, auf jeden Fall etwas sehr Glitzerndes, das die Blicke auf sich zog und einem das unwiderstehliche Verlangen gab, sich zu kratzen. Bei Lise war es ein silberner Ring, der von einer der Nasenwände herunterhing.
Alle drei waren verteufelt hübsch. Jede von ihnen hatte ihre Zauberspezialität. Mary verzauberte durch Geschenke, Lise durch Musik und Tadjo durch Tanz.
Eines Tages besuchte sie ein alter Kobold in ihrem Schloss Criec, im Herzen des bretonischen Waldes. Er war ein kleiner alter Mann, der früher einmal blond gewesen war. Er war immer noch schön, seine Haut war runzlig wie der Stamm einer Eiche und sein Haar silberweiß. Er hatte von den Hexen gehört und wollte sie unbedingt besuchen, denn er wusste die Gesellschaft schöner Frauen zu schätzen.

„Wer von euch ist Mary?", fragte er.

„Ich!", antworteten die drei Hexen gleichzeitig, denn sie machten gern Späße.

„Jetzt bin ich genauso weit wie vorher", sagte der alte Mann, indem er eine nach der andern mit festem Blick musterte. „Man hat mir gesagt, dass Mary von euch dreien die Schönste sei."

„Das stimmt", sagten sie beiden Jüngeren.

„Das ist falsch", sagte Mary gleichzeitig.

„Ah!", sagte der Alte. „Jetzt kann ich erraten, wer Mary ist. Und bescheiden seid ihr obendrein. Wie köstlich!"

Er ging auf Mary zu, die sich bückte, weil sie glaubte, dass er ihr etwas ins Ohr flüstern wollte. Aber der alte Kobold küsste ihr nur die Hand.

Lise und Tadjo brachen in Gelächter aus. Obwohl sie diese Geste lächerlich fanden, waren sie ein bisschen neidisch auf die Gunst, die ihrer älteren Schwester erwiesen worden war. Also begann Lise vor dem Neuankömmling zu singen und Tadjo zu tanzen, um ebenfalls seine Aufmerksamkeit zu erregen. Etwas verwirrt, aber entzückt suchte der Kobold einen Platz, wo er sich hinsetzen konnte, um das Schauspiel in aller Ruhe genießen zu können. Da er aber keinen Sitzplatz fand, der seiner Größe entsprach, ließ er sich auf dem Teppich zu Marys Füßen nieder, die ihm, ohne nachzudenken, eine kleine Bronzestatue als Willkommensgeschenk überreichte.

Verzaubert von dem übernatürlichen Charme der drei Hexen schlief der winzige alte Mann ein.

Als er nach einem langen, sanften und friedlichen Schlaf wieder aufwachte, stand er vor einem Problem. Was konnte er ihnen seinerseits schenken, er, der er nur ein armer kleiner Kobold ohne besondere Begabung war? Aber! ... Wo waren sie denn überhaupt, die drei Schönen?

Das Schloss schien völlig verlassen zu sein. Er kletterte zum ersten Fenster und sah ein frisch abgeerntetes Feld, mit einer Menge seltsamer Heuschober. Sie waren alle rund und nicht mehr hausförmig, so wie er sie kannte. Weiter hinten erblickte er das Meer. Auf der Straße fuhr ein Auto vorbei. Ein Auto? Aber in welchem Jahrhundert war er denn?

Dreihundert Jahre waren vergangen.

Wie schnell die Zeit vergeht!, dachte er.

29. August

Mat, der Chef

Mat vertrug keinen Widerspruch. Als altes Kaninchen hatte er viel gesehen, viel gelesen und viel Möhrensaft getrunken, was, wie jeder weiß, schlau macht. Niemand konnte ihm widersprechen, sich weigern einen der Befehle zu befolgen, die er als Chef gab, oder auch nur irgendetwas Neues für die Gemeinde vorschlagen.

Ausstaffiert mit einem weißen Strohhut, in den er zwei Löcher für die Ohren gemacht hatte und den er ständig auf dem Kopf hatte, einer dunklen Brille, die er niemals abnahm, und einer sehr eleganten Weste mit Karomuster, die ihm sein Cousin, der Märzhase, geschenkt hatte, ging er jeden Abend auf Streife. Er kontrollierte, ob jedes Kaninchen seinen Bau aufgeräumt hatte, vergewisserte sich, dass die Jugendlichen nicht heimlich Farnkraut rauchten, die Köche richtig arbeiteten und so weiter.

Zur Abendbrotzeit waren alle auf der Hut.

An diesem Abend begann Mat seinen Kontrollgang am Ufer des Baches, denn er meinte dort junge Kaninchen dabei überraschen zu können, wie sie Holunderwein oder Zoubrovka* tranken.

Wie jeden Abend erwischte er niemanden. Eine Sache erregte allerdings seine Aufmerksamkeit: Alle Jugendlichen flüsterten miteinander und sahen ihn dabei an. Sobald er an ihnen vorbei war begannen sie zu lachen. Da es nicht verboten war zu lachen (er hatte vergessen dieses Verbot in die Gemeindeordnung aufnehmen zu lassen), konnte er nichts machen. Am Ende seiner Runde hatte er in seinem Notizbuch die Namen aller Kaninchen eingetragen, die ihn angesehen und gelacht hatten. Vielleicht würde er diese Liste eines Tages brauchen. Aber er hatte nicht verstanden, warum sie lachten.

Als er wieder bei sich zu Hause war, sah er in den Spiegel und konnte nichts entdecken, was den geringsten Anlass zur Heiterkeit geben konnte: Sein Hut war bis zur Brille heruntergezogen, seine Ohren guckten harmonisch auf jeder Seite hervor, seine Weste war normal zugeknöpft. Nein, er konnte an seinem Anblick nichts Komisches entdecken.

Ich muss François fragen, sagte er sich. Der weiß sicher

---

* Kaninchenwodka, mit Kräutergeschmack

irgendetwas. Er ging zu François, und obwohl der sich etwas zierte, bis er diejenigen verpfiff, die er gehört und gesehen hatte – man nannte ihn François, den Singvogel –
brauchte er nicht lange, um herauszukriegen, worüber die
Jugendlichen lachten, wenn er vorbeiging.

„Na gut", sagte François. „Aber versprechen Sie mir nie-
mandem zu sagen, dass sie's von mir haben …"

„Mach dir keine Sorgen", sagte Mat. „Jeder weiß, dass du
und nur du allein derjenige bist, der immer jeden verpfeift.
Von daher sehe ich nicht, dass es einen Unterschied machen
würde, ob ich es sage oder nicht."

„Oh!", sagte François.

„Nun mach schon!", befahl Mat barsch.

„Nun ja, … es ist mir ein bisschen peinlich, das zu sagen",
sagte François.

„Na gut, da du nichts sagst, werde ich den andern erzählen,
dass du sie verpfiffen hast."

„Nein, nicht!", rief François entsetzt. „Nun, die jungen
Leute denken … Sind Sie sicher, Chef, dass ich Ihnen das sagen soll?"

„Du bist nicht dazu verpflichtet", sagte Mat heuchlerisch.

„Aber du weißt, was dich sonst erwartet."

„Okay", sagte François resigniert. „Nun, die jungen Leute

fragen sich, ob ... ob Sie Ihren Hut und Ihre Brille absetzen, wenn Sie zur Toilette gehen."

„Und das bringt sie zum Lachen?", fragte Mat.

„Tja ... ja, hi hi hi hi hi hi hi", gackerte François, ohne sich beherrschen zu können.

Die Ohrfeige sah François nicht kommen.

Mat ging nach Hause, ohne sich noch mal umzudrehen.

30. August

Elisa

Elisa fuhr für ihr Leben gern Auto, aber kein Auto war richtig für sie, denn ihre Schnauze, die einige hinreißend fanden, wurde an der Windschutzscheibe platt gedrückt und der Dunst – um nicht zu sagen, der Sabber –, den sie dabei produzierte, hinderte Elisa daran, die Straße zu sehen. Ach, wie unglücklich sie war! Sie besuchte ihren Vater, in der Hoffnung, er könnte eine Lösung für ihr schwieriges Problem finden.

Ihr Vater, der bereit war alles für sie zu tun, hatte zuerst folgende Idee: Er wollte ein Auto bestellen, bei dem die Scheibenwischer *innen* saßen.

„Unmöglich", antwortete der Autohändler.

Und eines Tages, als er zur Toilette ging (einige Ideen entstehen nur an diesem Ort) und das offene Fenster sah, steckte er seine Schnauze durch, um zu sehen, wie das Wetter war. Da hatte er eine ganz einfache Idee, auf die noch niemand gekommen war: Er bestellte für seine Tochter ein Auto ohne Windschutzscheibe.

Elisa war begeistert. Tag und Nacht saß sie am Steuer. Manchmal kam es sogar vor, dass sie sich nicht schlafen legte, weil sie die Kühle der Nacht nutzen wollte. Und sie kehrte erst mit den ersten Sonnenstrahlen nach Hause zurück.

Ihr Vater, der zuerst überglücklich gewesen war ihr eine Freude gemacht zu haben, war verzweifelt.

Elisa dachte nur noch an eins: fahren, fahren und noch mal fahren, um sich an der frischen Luft, der Geschwindigkeit und der Gefahr zu berauschen. So sehr, dass sie nach und nach all ihre Freunde verlor.

Wenn sie zusammen zu Abend aßen – ohne sie, natürlich – und sie wie einen Wirbelwind am Haus vorbeifahren hörten, dann redeten sie über sie als *die Verrückte.*

„Hey, da fährt die Verrückte vorbei.“

„Ich wäre vorhin beinahe von der Verrückten über den Haufen gefahren worden.“

„Wisst ihr was Neues über die Verrückte?“

Und so weiter.

Und dann regnete es eines Tages. Das Wasser floss in Strömen in das Auto, überschwemmte das Armaturenbrett und bei dieser Gelegenheit auch Elisas Kleid. Sie konnte nicht mehr fahren.

Sie besuchte ihren Vater, damit er eine Lösung für dieses neue Problem fand.

Aber es gab keine.

31. *August*

Eine Postkarte

Liebe Magdalena,

ich wollte dir schreiben, um dir zu sagen, wie glücklich ich war, die Ferien mit dir in deiner Gruft verbringen zu können, und um dir für alles zu danken. Dank des entsetzlichen (und unerwarteten) Wetters konnten wir einen Monat lang in fast völliger Dunkelheit leben und das fand ich sehr angenehm. Ich habe noch den Geschmack deiner großartigen marinierten Fliegen auf meinen Giftzähnen, und wenn ich nur daran denke, läuft mir der Spinnsaft im Hinterleib zusammen.

Danke noch einmal. Ich muss jetzt aufhören, weil ich mir noch schnell vor dem Schlafengehen ein kleines Netz spinnen will.

Ich hoffe, wir sehen uns nächstes Jahr wieder, und noch viele Male danach.

Du bist meine Abendspinne der Hoffnung …

Clovis

1. September

Ein verfrühter Altweibersommer

„Für einen 1. September ist es recht warm", sagte Ed keuchend. Die Hitze hatte ihm immer zu schaffen gemacht, obwohl er aus dem Süden kam.

„Es ist eine Art verfrühter Altweibersommer", sagte Mimi und fächelte sich mit einem Gingkoblatt, dessen Ränder schon etwas vergilbt waren, Luft zu.

„Das ist kein verfrühter Altweibersommer", sagte Ed. „Und im Übrigen sind wir nicht in Amerika, soweit ich weiß. Wir sind noch mitten im Sommer, meine Liebe."

„Ich fand, ‚verfrühter Altweibersommer' klang hübsch", sagte Mimi. „Das hättest du mir ruhig zugestehen können."

„Ach, das tue ich gern", sagte Ed, „zumal ich es nicht sonderlich *hübsch* finde. Und außerdem ist es falsch."

„Das so zu sagen ist die reine Bosheit", sagte Mimi nach einer Weile. „Vorher warst du netter."

„Vor was?"

„Vorher", sagte Mimi.

Sie wussten beide, was gemeint war.

Ed und Mimi wohnten seit vielen Jahren zusammen und seit dreißig oder vierzig Jahren – genauer gesagt, seit Mimis hundertsiebenundzwanzigstem Geburtstag – war ihr Verhältnis nicht mehr so harmonisch.

Sie waren zwei Kobolde, die auf dem Gipfel ihres Ruhmes waren, als sie in ihrem Dorf kleine Zauberkunststücke vorführten. Mit siebenunddreißig Jahren hatten sie geheiratet, vor gut hundert Jahren. Ed war damals Krötenverwandler gewesen und Mimi Kellerassel-Beschwörerin. Jetzt, wo ihnen ihr Beruf nichts mehr gab, hatten sie sich an einen abgelegenen Ort am Rand eines Waldes zurückgezogen. Ihre Höhle war von einem Tier, das sich auf solche Arbeiten spezialisiert hatte, am Fuß einer Kastanie gegraben worden und sie hatten sie über die Jahre sehr gemütlich eingerichtet. Von ihrer Küche aus konnte man ein Feld sehen, das leicht zur Klippe hin abfiel, und dahinter das Meer. Am Rand der Klippe verlief ein kleiner Weg, auf dem sie jeden Abend nach dem Essen einen Spaziergang machten. Diesen ehemals täglichen Spaziergang hatten sie schon seit einigen Monaten nicht mehr gemacht. Was war geschehen?

Vielleicht waren sie es nach 100 mal 365 identischen Spaziergängen leid.

2. September
Eine sehr hilfsbereite Taube

Endlich schien die Sonne, nachdem es eine Woche lang un-
unterbrochen geregnet hatte.

Als Francis Kröte die Straße überquerte, bemerkte er ein
Stück weiter hinten einen dunklen Fleck auf dem Asphalt.
Als er näher kam, sah er, dass es sich um eine Kröte wie ihn
handelte, die überfahren worden und nun ausgetrocknet
war. Sie war platt wie ein Blatt Papier, und ihre Beine waren nach beiden Seiten ausgestreckt und standen am Ende
auf groteske, jämmerliche Weise in die Höhe.

Voller Mitleid beschloss Francis, diese arme Kröte zu be-
graben. Aber er wusste nicht, wie. Also ging er zu Sylvester
Maulwurf, dem Totengräber, um seinen Rat einzuholen.

„Das ist einfach", sagte der Maulwurf. „Sie müssen sie von
der Straße ablösen. Und was den Transport betrifft, das ist
einfach. Sie rollen sie zusammen wie einen Teppich."

„Ekelhaft", sagte die Kröte. „Niemals in meinem Leben
werde ich das tun. Und dann weiß ich auch gar nicht, wie
ich das anstellen sollte, ich habe weder Nägel noch einen

Schnabel. Ich werde Irma Krähe besuchen. Die ist gewohnt ständig in der Erde rumzustochern. Die kann ja wohl einmal an etwas anderes als ihr Fressen denken."

Irma sagte: „Sehr gut. Ich kümmere mich drum. Kein Problem." Sie zückte ihren Terminkalender und notierte es. „Ist Sonntag in Ordnung?", fragte sie und wirkte sehr in Eile.

„Das ist ein bisschen blöd", sagte Francis. „Dann bleibt sie noch zwei Tage so auf der Straße liegen ... Wie traurig."

„Vor Sonntag kann ich nichts machen", sagte die Krähe.

„Schade, danke, dann werde ich die Taube aus Paris fragen, die gerade angekommen ist. Die bekommt in Paris so manches zu sehen, ich bin sicher, dass ihr dieser Anblick nichts ausmachen wird. Und *die* ist freundlich."

Francis Kröte verließ die Krähe und ging zu Raymond Taube, der nicht einmal aufhörte, seine Flügel zu reinigen, als Francis eintrat.

„Jaaa, das kann ich machen", sagte die Taube. „Hier auf dem Lande macht man sich schmutzig, das ist kaum zu glauben!" „Können Sie das ... jetzt machen?", fragte Francis.

„Jaaa, jetzt", sagte die Taube. „Das passt."

„Er liegt vor dem Haus Hafenstraße 16. Anschließend brauchen Sie ihn nur an Herrn Maulwurf zu übergeben, der wird sich darum kümmern. Normalerweise macht er das immer. Und zwar sehr gut."

„Okay", sagte die Taube.

Und Francis ging beruhigt nach Hause.

Am Abend führten ihn seine Schritte in die Hafenstraße. Keine Spur mehr von der platt gefahrenen Kröte. Francis war erleichtert.

Einige Tage später lief ihm Sylvester Maulwurf über den Weg, der von einer Besprechung kam. Der Totengräber fragte Francis: „Nun, und was haben Sie mit Ihrer platt gefahrenen Kröte gemacht?"

„Wie denn?", sagte Francis. „Die Taube aus Paris hat sie nicht bei Ihnen vorbeigebracht?"

„Keineswegs", sagte der Maulwurf. „Aber ich bin natürlich immer noch bereit mich darum zu kümmern."

Völlig erstaunt ging Francis zu der Taube, die etwas verlegen war: „Nun ja ... die Zeiten sind hart, nicht wahr ...", sagte die Taube, ohne es zu wagen, Francis anzusehen.

„Natürlich sind die Zeiten hart", sagte die Kröte. „Ich verstehe nicht ganz ..."

Plötzlich verstand er: Die Taube hatte die tote Kröte gegessen! Angewidert ging Francis fort und sagte sich, dass die Tauben aus Paris ihren Ruf voll und ganz verdienten.

3. September
Nins Geburtstag

Wieder ein Geburtstag!, dachte Ben. Diesen werde ich zumindest nicht vergessen. Ich schenke meiner kleinen Nin ... Nin war seine Schwester. Er wusste nicht, was er ihr schenken sollte. Ben vergaß regelmäßig die Geburtstage all seiner Freunde. Aber das hatte keinerlei Bedeutung, denn bei den Mäusen werden die Geburtstage nicht gefeiert. Aber Ben tat öfter mal Dinge, die man bei den Mäusen normalerweise nicht tut.

Nin wohnte viele Wochen Fußmarsch von der kleinen Gemeinde entfernt, die sich einige Jahre vorher in Paris niedergelassen hatte. Da sie die letzte aus dem Wurf war, hatte sie von Seiten ihrer Eltern einen starken Druck verspürt auch nach ihrer Entwöhnung noch bei ihnen zu bleiben. Es war also ganz natürlich, dass sie weit weg gegangen war, um ein freieres Leben zu führen.

Ben fragte sich, wie er sie erreichen könnte. Telefonisch, na klar!, sagte er sich und schlug sich leicht mit der Pfote auf die Stirn. Da er Schwierigkeiten hatte, sich an die neuen

Kommunikationsmittel zu gewöhnen, benutzte Ben nicht den Gemeindecomputer. Genau genommen hatte er überhaupt nicht begriffen, wie das funktionierte, wollte es aber nicht zugeben. Er tat so, als bräuchte er ihn nicht.

Tatsächlich war ein Computer für die Art von Leben, das er führte, auch nicht erforderlich: Er tat überhaupt nichts.

Daran dachte er gerade, als die hinreißende Chloé die Gasse entlang kam.

„Guten Tag, Chloé!", sagte Ben, als er sie sah.

Da er immer Mühe hatte, ein Gesprächsthema zu finden, wenn er junge Mäuse traf, war er begeistert, dass er nun eines gewissermaßen im Vorübergehen gefunden hatte.

„Kannst du eine E-Mail bedienen?"

„Was soll das heißen: ,eine E-Mail bedienen'?", sagte Chloé und zog ihre entzückenden Augenbrauen hoch, zwei kleine Striche, die kaum dunkler waren als ihr graues Fell. „Du meinst, ob *ich einen Computer bedienen kann, um E-Mails zu verschicken*?"

„Genau, ja, das meinte ich", sagte Ben, erfreut, die Aufmerksamkeit der jungen Maus auf sich gezogen zu haben, sei es auch nur für einen kurzen Moment.

„Nein!", sagte Chloé. „Pech gehabt! Entschuldige, ich muss gehen."

Sie ging und überließ Ben seinen Gedanken.

Er fragte sich, warum er bei jungen Mäusen nie das passende Gesprächsthema fand. Er war weder dumm noch hässlich. Was hatte er also, das die jungen Mäuse nicht interessierte? Er hatte bemerkt, dass er vor allem mit Jugendlichen nicht ins Gespräch kam. Als ob er ihnen nichts zu sagen hätte. Und doch hatte er Lust, ihnen einen Haufen Fragen zu stellen, und er hatte ihnen auch einiges zu sagen. Aber es gelang ihm nicht. Warum nur?

Ben beschloss einen Spaziergang zu machen. Er hatte nichts Besonderes vor, wie jeden Tag, und würde einen langen Spaziergang machen. Er zog sich eine kleine Baumwolljacke an – man weiß ja nie, dachte er, am Abend könnte es windig werden – und ging aus. Anschließend vergewisserte er sich mehrere Male, dass er seinen Schlüssel, den er in seine Tasche gesteckt hatte, nicht verloren hatte.

Und an Nins Geburtstag – muss ich das noch sagen? – dachte er für den Rest des Tages kein einziges Mal mehr.

4. September

Endlich heiraten wir

„Wir werden endlich heiraten", sagte Sascha, der Spatz, zu seinem besten Freund Simon, der sich gerade auf einen Zweig vor ihn und seine Verlobte gesetzt hatte.

„Wieso endlich?", fragte Simon erstaunt.

„Weil wir lange darüber nachgedacht haben", sagte Sascha mit einem Lächeln, als wollte er sich entschuldigen.

„Das sollte mich wundern!", sagte Simon. „Und warum heiratet ihr?"

„Nun, weil wir uns lieben", antwortete Annette, die Verlobte, entnervt. „Ganz einfach."

„Ich sehe die Verbindung nicht", sagte Simon. „Ehe und Liebe haben nichts miteinander zu tun. Man kann sich lieben, ohne verheiratet zu sein. Das tun alle Vögel."

„Ja, aber unsere Eltern ...", begann Annette.

„Man heiratet nicht wegen der Eltern", fiel ihr Simon ins Wort.

„Das ist es nicht", erklärte Sascha. „Es ist einfacher, zu heiraten. Das ist alles."

„Einfacher!", sagte Simon. „Überhaupt nicht. Man muss zur Gemeinde, dann zum Notar ..."

„Und zur Kirche!", fügte Annette hinzu. „Ich habe immer von einer weißen Hochzeit geträumt, mit einer Schleppe und den Brautjungvögeln."

„Das ist dumm und von anno dunnemal", sagte Simon. „Heutzutage sieht man nur noch Tauben in der Kirche rumhängen. Wollt ihr mit solchen Leuten Umgang haben?"

„Ich bitte dich, Simon!", entgegnete Sascha ziemlich barsch. „Verdirb nicht alles."

„Im Gegenteil", sagte Simon. „Ich warne euch als euer Freund. Außerdem, wenn ihr euch irgendwann mal trennt ..."

„Da haben wir's! Ich wusste es", rief Annette. „Wir sind noch nicht einmal verheiratet und dein Freund redet schon von Trennung."

„Und dann ist da die Hochzeitsfeier", sagte Sascha. „Das ist toll, so eine Feier. Anschließend kommen die Hochzeitstage, sechs Monate, ein Jahr und so weiter. Was soll man denn sonst feiern? Im Übrigen bist du keineswegs der Letzte, der erscheint, wenn auf Hochzeiten und Hochzeitsjubiläen getanzt werden darf, wenn ich mich recht erinnere."

„Es ist genauso, wie ich dachte", sagte Simon. „Ihr seid zwei kleine spießige Spatzen und das werdet ihr auch bleiben."

„Na und?", erwiderte Annette. „Wo ist da das Problem?"

„Das stimmt!" sagte Sascha, um seine Verlobte zu unterstützen. „Wo ist da das Problem?"

Mit einem großen Seufzer verließ Simon seinen Zweig. Ohne noch ein Wort zu sagen.

Warum wollte Simon auch zwei junge Vögel umstimmen, die ganz versessen darauf waren, es ihren Eltern gleichzutun? Wenn sie erst mal verheiratet waren, würden sie sich wie alle Spatzen ständig zanken.

5. September

Gäste

Djin hatte alles für den fünfzigsten Geburtstag von Olaf, ihrem Mann, vorbereitet. Üppige Fruchtkörbe, reichhaltige Salate, leckere Kuchen. Weil sie eine riesige Höhle ganz für sich allein hatten – was bei Kobolden sehr selten war –, konnten sie einen großen Empfang geben.

Olaf hatte gearbeitet, aber für sich. Er hatte wie jeden Tag seine Arbeit gemacht, ohne an den Abend zu denken. Das war Djins Aufgabe. Soll sie mir eine Freude bereiten, das macht ihr selber Freude, hatte er klugerweise gedacht.

Die Gäste kamen sehr früh. Etwas zu früh, dachte Djin. Sie stürzten sich auf die Speisen, die sie in wenigen Minuten aufgegessen hatten, aber das Obst rührten sie nicht an.

Einen Augenblick dachte Olaf, dass Djin vielleicht nicht genug gekocht hatte, aber er sagte nichts, aus Taktgefühl.

Djin ihrerseits dachte, dass auf diesen Feiern immer zu viel gegessen wird, und dann das Obst und die Art und Weise, wie sie alles arrangiert hatte, das war besser als der ewige Nudelsalat. Alles lief gut.

Es wurde getanzt, getrunken, gelacht, wieder getanzt, wieder getrunken, wieder gelacht.

Gegen vier Uhr morgens erschien eine kleine Gruppe von Nachtschwärmern in der Höhle und begann alsbald zu plaudern, die halbvollen Gläser zu leeren und zu tanzen. Djin konnte nicht mehr. Sie kannte diese Kobold-Clique gut, die tauchten immer am Ende einer Feier auf. Aber weil sie einer netter als der andere waren, konnte man sie unmöglich vor die Tür setzen.

Gegen sechs Uhr tat Djin so, als ob ihr nicht gut wäre, verließ ihre Freunde und schloss sich im Badezimmer ein. Es gelang ihr aber nicht, sich zu übergeben. Nachdem sie eine Stunde auf dem Rand der Badewanne gesessen hatte, fing sie an sich zu langweilen und ging zurück zu ihren Gästen. Der Morgen graute. Alle waren noch da, die Koboldbande war vollzählig und tanzte und sang noch immer. Olaf döste in einer Ecke. Ab und zu nickte er, beide Augen geschlossen, zustimmend mit dem Kopf, ohne dass ihn überhaupt jemand etwas gefragt hätte.

Plötzlich hatte Djin eine Idee, wie sie diese Feier endlich zu Ende bringen könnte. Sie versteckte den restlichen Holunderwein hinter der Teppichtruhe.

Als die Gäste merkten, dass es nichts mehr zu trinken gab,

erlebten sie einen Moment der Verzweiflung und Djin einen Augenblick der Hoffnung. Beinahe wären sie gegangen. Doch dann entdeckten sie unter den Geschenken für Olaf eine Flasche Edelrautenlikör.

Ein Freudenschrei erschallte.

Gegen acht Uhr lagen die Kobolde in einem Haufen übereinander und waren eingeschlafen. Djin und Olaf saßen auf der Erde, den Rücken zur Wand, Seite an Seite. Olaf, der wie ein Murmeltier zu ratzen schien, lächelte glückselig.

„Das war eine wirklich gelungene Geburtstagsfeier", sagte er zu Djin. „Und das verdanke ich dir, mein Schatz."

„Danke, mein Schatz", sagte Djin. „Das stimmt. Alles Gute zum Geburtstag."

Dann schliefen sie wieder ein.

6. September

Stille

Es war Schulbeginn.

„Eva, so heißen Verliebte. Eigentlich heißt es Eve", sagte Jean, während er seine Banknachbarin unverwandt ansah. „In wen bist du denn verliebt?"

Eva und Jean kannten sich schon ewig. Sie waren zwei Eichhörnchen, die am selben Tag geboren waren, vor sieben Wochen, mitten im Sommer, aber auf zwei verschiedenen Bäumen. Vielleicht trug das dazu bei, dass sie niemals Lust hatten, ihre Hausaufgaben zu machen oder überhaupt zur Schule zu gehen. Für sie waren immer noch Ferien.

„Jean!", sagte der Lehrer, der gesehen hatte, wie das Eichhörnchen mit seiner Nachbarin sprach. „Geh raus und komm erst wieder rein, wenn du über die Bedeutung des Wortes ‚Stille' nachgedacht hast."

Jean verließ das Klassenzimmer und sprang von Ast zu Ast bis zum Gemüsegarten.

Von seinem Beobachtungsposten aus konnte er sehen, dass die Walnüsse noch zu grün waren. Aber er beschloss sie trotzdem zu probieren. Er bemerkte auch, dass die Kastanien dahinten, auf der anderen Seite der Allee, gelb zu werden begannen. Aber sie waren noch weit davon entfernt abzufallen und die würde er bestimmt nicht anrühren.

Und dann dachte er wieder daran, was ihm sein Lehrer aufgetragen hatte: Über das Wort „Stille" nachzudenken.

Das ist einfach, dachte Jean. Es gibt keine Stille. Im Wald gibt es immer Geräusche, von morgens bis abends und von abends bis morgens. Jetzt wusste er, was er sagen würde, wenn der Lehrer ihn fragte: „Nun, Jean. Hast du über das Wort ‚Stille' nachgedacht?"

Er würde sagen: „Das gibt es nicht, Herr Lehrer."

Wenigstens würde er Eva zum Lachen bringen. Das war doch schon mal was.

7. September

Seltsam

Marie ging spazieren. Allein. Es war kurz vor Sonnenuntergang. Alles war ruhig. Es herrschte eine seltsame Stimmung: Kein Nachbar, kein Tier war nach dem Mittagsschlaf vorbeigekommen, um Hallo zu sagen. Nicht einmal irgendeine Mücke war gekommen, um sie zu nerven, obwohl sie zu dieser Stunde jedes Recht dazu hatten. Die Bäume der Hauptallee waren riesig. Der Himmel war sehr rot für einen Sommerabend, der Boden viel weicher als gewöhnlich und smaragdgrün.

Seltsam!, dachte Marie.

Ihr war, als wäre sie bei ihren Eltern schon vor langer Zeit weggegangen, mindestens vor ein paar Stunden, vielleicht sogar vor mehreren Tagen. Aber wo hatte sie den ganzen Nachmittag geschlafen?

Ihre Eltern hatten sie vor den neuen Wölfen gewarnt, die aus Italien herübergekommen waren und die mit Vorliebe kleine Koboldmädchen wie sie fraßen. Denn die waren viel leichter zu fangen als Kaninchen und schneller zu verdrücken als diese riesigen Schafe, die zu allem Überfluss reichlich Haare im Maul zurückließen.

Nicht, dass Kobolde nackt wären, weit gefehlt, aber ihre Kleidung bestand zum größten Teil aus Blüten und Blättern, was für den, der sie fraß, eine nicht zu verachtende Gemüsebeilage darstellte.

Das alles ging Marie durch den Kopf. Sie beschloss den Weg zu verlassen. Denn, so dachte sie, im Moos und zwischen dem Farn würde sie vielleicht weniger auffallen. Keine Frage.

Aber im Augenblick machte sie viel zu viel Lärm, als sie mit ihren Füßen die kleinen toten und sehr brüchigen Tannenzweige zertrat.

Als sie in die Tannenschonung eindrang, erblickte sie hinter jedem der riesigen aufrechten Stämme die gelben kalten Augen eines Wolfes. Es waren hunderte.

Eine Tür schlug zu.

„Aufwachen, Marie, es ist Zeit!", sagte ihre Mutter. „Sonst kommst du zu spät!"

Uff!, dachte Marie. Schule ist super.

8. September

Djodjo

Der von Eschen gesäumte Hohlweg schlängelte sich zwischen zwei Feldern mit Apfelbäumen hindurch. Tausende von Äpfeln waren heruntergefallen und lagen ringförmig ausgebreitet im Schatten der Bäume, wie ein roter Teppich auf dem grünen Gras.

Djodjo war allein, wieder einmal. Ihr Gesicht war ernst, nicht aber ihre Gedanken, und ihre Bewegungen auch nicht: Sie tanzte. Sie war gern allein. Sie war eine winzige Koboldin, die der Zufall aus den Antillen hierher verschlagen hatte, als sie noch ganz klein war. Als sie in Paris angekommen war, hatte sie sehr bald im nächstliegenden Wald Zuflucht gesucht und lange Zeit allein gelebt.

Sie gehörte weder zu den Rot- noch zu den Schwarzkobolden.

Sie hatte blondes krauses Haar, ihre kleine Hakennase war etwas länger als die von Chloé und Carole, ihren Spielgefährtinnen, und ihre Augen waren viel blauer als die ihrer Freundinnen.

Für die Schwarzkobolde war sie eine Rote und für die Rotkobolde eine Schwarze.

Ohne wirklich von den beiden Gruppen abgelehnt zu werden, gehörte sie doch weder zu der einen noch zu der anderen.

Djodjo war Tänzerin. Sie ging aufs Feld, um dort zu trainieren.

Es war halb acht Uhr abends.

Jetzt tanzte sie schon eine ganze Weile, zu einer Musik, die
niemand hörte, sie selbst ebenso wenig wie irgendjemand
sonst, denn es gab keine. Die Krä-
hen Jil und Jack stöberten neben
ihr im Erdboden rum, ohne sie
überhaupt bemerkt zu haben.
Gerade waren die Kaninchen
Corentin und Loïc, wie jeden Tag zur gleichen

Stunde, aus dem Wald gekommen, um sich die Zähne zu putzen.

Djodjo sagte immer, dass sie keine Musik brauche, um zu tanzen, dass Tanz und Musik nichts miteinander zu tun hätten. Eins, zwei, eins-zwei-drei, eins, zwei, eins-zwei-drei, das genügte.

„Hey!", hörte sie plötzlich jemanden ganz in ihrer Nähe sagen.

Sie war in Eduards Garten gelandet. Eduard war eine grässliche Ratte, die irgendwann festgelegt hatte, dass jeder einen Wegezoll zahlen müsse, sobald er eine unsichtbare Grenze überschritt, deren Verlauf er allein, je nach Tageslaune, bestimmte.

Er hatte also diese Gebühren eingeführt, die jeder zahlte, ohne zu murren. Denn jeder hatte Angst vor ihm, außer Djodjo.

„Ah! Guten Tag, Eduard, eins, zwei, drei, siebenundneunzig", sagte Djodjo, ohne ihren Tanz zu unterbrechen und ohne den Blick von ihren kleinen Füßen zu wenden. Denn sie versuchte aus Spaß, bei jedem Schritt die Fußspitze auf ein Laubblatt zu stellen.

Eduard beobachtete sie aus der Ferne. Er hatte sich etwas abseits am Fuß eines Baumes in seiner Lieblingsstellung

213

niedergelassen: den langen kahlen Schwanz um sich ge-
schlungen und im Mund ein kleines Insekt, auf dem er lust-
los herumkaute.

„Dasch macht fünf Taler für die Paschage", sagte er, den
Mund voller Flügel, Deckflügel und Beine, die schwer zu
kauen waren, selbst mit seinen spitzen Zähnen.

Djodjo hielt inne, um Luft zu holen. Sie war erschöpft und
begeistert. Sie hatte hundertmal „eins, zwei, eins-zwei-
drei" gezählt, ohne Pause. Endlich hatte sie es geschafft. Sie
fühlte sich gut. Ihr Training hatte Früchte getragen, sie war
bereit für ihre Taufe. Was die Ratte ihr erzählte, kümmerte
sie nicht im Geringsten.

„Wie bitte? Entschuldigung, ich hab das nicht verstanden."

„Das macht fünf Taler für die Passage!", wiederholte Eduard. Diesmal schrie er.

Djodjo begann zu lachen. Der Anblick dieser armseligen
schrecklichen Ratte, die mühevoll auf etwas Ekelhaftem
herumkaute, rief bei ihr statt Mitleid nur ein unbändiges
Gelächter hervor, das sie nicht unterdrücken konnte.

Eduard spuckte aus, was er noch im Mund hatte, stand auf
und ging.

214

9. September

Björn, der Kobold aus dem Norden

Niemand verstand, warum die Kinder nach einem Besuch bei Björn, dem Geschichtenerzähler aus dem Norden, nicht einschlafen konnten.

Wenn man sie fragte, ob Björns Geschichten ihnen Angst gemacht hatten, antworteten sie:

„Oh nein! Überhaupt nicht."

Und wenn ihre Eltern sie fragten, ob sie sie schön fanden, antworteten sie: „Superschön."

Max, einer von den Eltern, hatte Björn in Verdacht, den Kindern gegenüber zu großzügig mit Kakao und Keksen zu sein, was vielleicht ihre Schlaflosigkeit erklären würde. Also beschloss er sich in der Nähe von Björns Haus zu verstecken, um zu sehen, was sich dort abspielte.

Er sah, wie die Kinder alle eintrafen. Max stellte sich an ein Fenster und sah, dass sich die Kinder, nachdem sie das Haus betreten hatten, alle eng aneinander schmiegten, um dem Kobold zuzuhören, und das, obwohl es abends noch sehr warm war.

„Es war einmal", begann Björn, „ein Zwerg namens Fafnir, der den Schatz seines Vaters für sich haben wollte. Also brachte er ihn um. Dann jagte er seinen Bruder weg, der Regin hieß. Als er allein war, verwandelte sich Fafnir in einen fürchterlichen Drachen und streckte sich lang auf dem Goldhaufen aus, damit ihm niemand etwas wegnehmen konnte. Sein Bruder Regin wollte sich rächen. Er holte seinen Freund Sigurd und bat ihn den Drachen zu töten. Was Sigurd auch flugs tat, um seinem Freund eine Freude zu machen. Vor seinem Tod hatte der Drachen Fafnir Sigurd gewarnt, sich vor Regin in Acht zu nehmen, und hatte ihm einige Geheimnisse anvertraut, die er im Falle eines Falles gegen Regin verwenden konnte.

Nachdem Sigurd den Drachen getötet hatte, kostete er mit der Fingerspitze sein Blut. Das verlieh im die Gabe, die Sprache der Vögel zu verstehen, was ganz praktisch ist, so geschwätzig, wie Vögel nun mal sind.

Auf diese Weise erfuhr Sigurd von den Vögeln, dass Regin den Schatz wiederhaben wollte. Selbstverständlich. Also tötete er ihn. Und dann, um sicherzugehen, dass der Drachen nicht wieder zum Leben erwachte – man kann ja nie wissen, schließlich sind das Zauberwesen, nicht wahr – *aß er sein Herz*".

216

„Oh!", schrien die Kinder.

„Und schließlich", fuhr Björn fort, „trank Sigurd das Blut der beiden Brüder. Das war's. Die Geschichte ist zu Ende. Also Kinder, Zeit zum Schlafengehen."

Die Kinder waren begeistert und gingen nach Hause, wo sie ihre Eltern um eine andere Gute-Nacht-Geschichte baten, eine mit glücklichem Ausgang.

Aber trotz allem konnten sie nicht sofort einschlafen.

Eine eigenartige Hexe

Frau Gelbsucht war eine eigenartige Hexe. Sie war unglücklich darüber, Hexe zu sein. Was selten vorkommt. Ihr Traum war es, eine ganz normale Frau zu sein und unter Menschen zu leben, anstatt im Wald, zusammen mit den anderen Hexen, den Kobolden, den Elfen, den Zauberern, den Kaninchen und den Kröten.

Trotz ihres hässlichen Nachnamens – sicherlich ein Spitzname, den man ihr als Kind gegeben hatte; Kinder sind ja so grausam untereinander – war sie nicht gelb, sondern eher orangefarben, ja sogar fast braun, zumal an diesem Tag, als sie aus dem Urlaub zurückkehrte.

Sie hatte den Sommer an der Côte d'Azur verbracht. Und weil sie so sein wollte wie alle Frauen da, hatte sie sich die Haare rot gefärbt und sich, nachdem sie sich von Kopf bis Fuß mit Creme eingeschmiert hatte, von morgens bis abends in die Sonne gelegt. Deswegen ähnelte ihr Kopf nach einigen Tagen einem alten in Olivenöl eingelegten Lederkürbis, auf den man lieblos einen Hund mit langem rotem Fell gesetzt hatte. Als sie zurück im Wald war, machten sich alle Hexen über sie lustig:

„Wie eine Frau! Wie eine Frau!", riefen ihre versammelten Kolleginnen, als sie mit ihrem Besen landete.

So auszusehen wie eine Frau ist für eine Hexe der Gipfel der Lächerlichkeit.

Mit einer kurzen Handbewegung wies Frau Gelbsucht diese Spötteleien von sich, stolzierte auf und ab und zeigte, was sie sich gekauft hatte, um wirklich einen auf Frau zu machen: eine japanische Uhr, eine italienische Umhängetasche, amerikanische Basketballschuhe, spanische Jeans, einen französischen Büstenhalter und afrikanischen Schmuck.

Während die andern sich über sie lustig machten und jede Menge Schimpfwörter murmelten, schien Frau Gelbsucht selig zu sein.

Aber als der ganze Trubel vorbei war, ging sie nach Hause und begann zu weinen.

Denn hier wartete die raue Wirklichkeit auf sie: Wieder musste sie Kobolde in Kröten verwandeln, Zaubertränke zubereiten, andere verhexen, wehrlose kleine Kinder entführen und in den Kochtopf werfen. Und so weiter und so fort.

Wie gern hätte sie das Leben einer Frau geführt: morgens nach dem Aufstehen die duftenden Babywindeln wechseln, hart arbeiten bis zum Abend, Wäsche waschen, bügeln, Einkäufe machen und so weiter.

Natürlich weiß ich, dass ich im nächsten Sommer an die Côte d'Azur zurückkehren werde, dachte sie schluchzend, und ich werde mich wieder als Frau verkleiden. Das wird herrlich werden. Aber bis dahin muss ich jetzt erst mal ein Jahr Hexerei rumkriegen!

11. September

Eine Liebesgeschichte

Unter Tintenfischen gibt es niemals Streit.

Manchmal gibt es sogar große Liebesgeschichten.

Lulu und Fred hatten sich zwei Jahre vorher mitten im Ozean kennen gelernt. Zwei Jahre zusammenzuleben, das ist enorm. Zumindest für Tintenfische.

Lulu stellte schwarze Tinte her, die klassische Farbe und von guter Qualität. Er war der Mann bei den beiden. Was Fred betrifft, sie machte lila Tinte. Sie war die Frau. Er nannte sie „mein Engel". Mit ihren riesigen Glubschaugen und all den rosa Fangarmen um ihren Mund herum hatte sie Lulu sofort gefallen.

Er hatte sich wahnsinnig in sie verknallt. Wochenlang folgte er ihr still von Fels zu Fels. Manchmal versteckte sie sich bei Korallen (Freunde von ihnen, die noch stiller waren), manchmal hinter dem Felsen von Julie, der Muräne, und manchmal schwammen sie, einer hinter dem andern, in gebührendem Abstand, ganz um den Hügel von Napoleon, dem Zackenbarsch, herum, der da schon seit Ewigkeiten wohnte. Eines Tages schwamm Lulu mit Mordstempo um Fred herum und zeichnete dabei mit seiner Tinte mannigfaltige Schnörkel, ein hübsches Motiv, etwas abgegriffen vielleicht, aber hübsch. Das war ihm ein Leichtes.

Sie nannte ihn „mein Picasso". Da sie selber nicht zeichnen konnte, bewunderte sie ihn für seine Geschicklichkeit. Lulu machte von seiner Zeichenbegabung reichlich Gebrauch, manchmal auch zu viel. Mit seiner Tinte zeichnete er, was immer ihm in den Sinn kam. Fred gefiel alles. Und irgendwann verwandelte sich diese Bewunderung in Liebe. Bald bemerkte sie, dass er einen sanften Charakter hatte und sich unglaublich glatt anfühlte – ohne klebrig zu sein. Sie blieben immer zusammen.

Ihr einziger Wunsch war es, wenn das Schicksal es denn so wollte, eines Tages gemeinsam ins Netz zu gehen.

12. September

Anja

Endlich brach das Gewitter los und brachte frischen Wind in die stickige Atmosphäre der vorangegangenen Tage.

Noch am Abend vorher wussten die Kobolde nicht, wie sie sich bei diesen für die Jahreszeit ungewohnt hohen Temperaturen anziehen sollten.

Da beschloss Anja sich überhaupt nichts anzuziehen. Sie kam aus ihrer neuen Höhle hervor und legte die Strecke von sich bis zum Fluss vollkommen nackt zurück.

Anja kam aus Schweden. Sie war kaum größer als die andern, aber ihre rosa Haut und die sehr kurz geschnittenen struppigen Haare erinnerten an ein gerupftes Küken, das gerade vom Friseur kam. Sie besaß nicht die sprichwörtliche Schamhaftigkeit der Kobolde, so war sie nicht erzogen worden. Und dass man sie sehen könnte, wie sie da nackt mitten durch die Lichtung marschierte, war ihr egal.

Als sie an Benjamins Höhle vorbeikam – der hinter ihr her war, seitdem sie eines Tages auf dem Rücken einer Gans im Dorf angekommen war –, fiel dieser vor Schreck vom

Hocker, stand auf und rieb sich die Augen. Dann folgte er ihr wie einem Magneten.

Sie ging weiter ihres Weges.

Während sie das Dorf durchquerte, kamen immer mehr Kobolde zur Tür, um Anja vorbeimarschieren zu sehen und ihr dann wie verzaubert zu folgen.

Natürlich machte jeder seinem Nachbarn gegenüber eine (in der Regel empörte) Bemerkung über das Benehmen des jungen Mädchens, aber keiner konnte umhin, ihr hinterherzulaufen.

Irgendjemand, genauer gesagt der gemeine Dimitri, ging zum Dorfchef und beklagte sich über die Neue.

„Ich sehe nicht, inwiefern das Dorfleben dadurch beeinträchtigt wird", sagte der Chef, der selber wie verzaubert war. „Das sind ihre Sitten, die wir respektieren sollten."

Und er lief los, um sich zu vergewissern, ob Dimitri die Wahrheit gesagt hatte.

Als er das Ufer des Flusses erreichte, sah der Koboldchef Anja mit so viel Anmut schwimmen, dass er sich, nachdem er ihr höflich zugenickt hatte, vor dem versammelten Dorf selbst ins Wasser stürzte, allerdings noch vollkommen bekleidet.

Als sie die Freudenschreie hörten, kamen alle anderen Kobolde, die zu dieser Stunde nichts Besonderes zu tun hatten, ebenfalls herbeigelaufen.

Als der verliebte Benjamin sah, wie sich Anja und vor allem der Dorfchef königlich im Wasser amüsierten, sprang auch er in die Fluten, gefolgt vom Rest des Dorfes.

Am Ufer blieben nur der gemeine Dimitri und Françoise zurück, eine Koboldin, die im Geheimen davon träumte, Hexe zu werden.

„Das ist unglaublich!", sagte sie zu Dimitri, der stumm dastand. „Wie entsetzlich! Alle diese Geschöpfe, die im Wasser herumwimmeln und -tollen wie rote Kröten, die am Ertrinken sind."

„Rote Kröten …?", sagte Dimitri gedankenverloren.

„Nein … nicht wirklich." Und weil er nicht mehr widerstehen konnte, sprang er selbst ins kühle Nass.

Françoise, die allein zurückblieb, hatte niemanden mehr zum Reden.

„Nun! Komm schon, Françoise!", rief der Chef ihr zu, der nicht wollte, dass in diesem Augenblick unverhofften Glücks irgendjemand vergessen wurde.

„Ganz bestimmt nicht!", rief Françoise, die vor Wut kaum Luft bekam.

Niemand hörte sie. Sie wäre lieber auf der Stelle gestorben, als sich unter die allgemeine Glückseligkeit zu mischen. Sie wollte abseits bleiben, ihren Neid hüten, so wie man eine Wunde vor weiteren Schlägen schützt.

„Nun komm schon, Françoise!", riefen ihr die anderen Kobolde zu und taten so, als wollten sie sie von weitem nass spritzen.

Diese ganze Fröhlichkeit ergriff sie wie ein Schwindel. Auf einmal verspürte sie ein riesiges Verlangen, auch dieses kühle Wasser zu kosten, hineinzutauchen, zu schwimmen und zu lachen, ihre Bitterkeit und schlechte Laune zu vergessen und in der schreienden, gestikulierenden Menge aufzugehen. Auch sie hatte ein Recht darauf!

Sie nahm ihre Kappe ab.

Es gab eine kurze Stille.

„Françoise? Nein, das glaub ich nicht!", schrie eine anonyme Stimme, wie ein Schuss, bevor sie im wieder aufbrausenden allgemeinen Getöse und Gelächter unterging.

Bitte! Das war's.

Françoise stand völlig starr. Sie runzelte die Stirn und ihr Blick verdüsterte sich. Sie ballte ihre rechte Hand so sehr, dass es ihr wehtat. Das tat sie immer, wenn sie nicht weinen wollte.

Die Entscheidung war gefallen. Sie würde Hexe werden.

13. September

Diese Geschichte ist leider wahr

Ein Bär wachte schlecht gelaunt auf. Er hatte keine Lust, sich etwas zu essen zu suchen.

Ein Frosch kam vorbei. Der Bär fing ihn mit einem Zungenschlag und schluckte ihn runter. Der Frosch fiel in seinen Magen, wie man in einen Brunnen fällt, und begann zu schreien:

„Hey! Ich bin nicht essbar, du Idiot!"

In diesem Augenblick kam ein Fuchs vorbei und hörte nur das Wort „Idiot".

Auch er starb vor Hunger, er hatte seit einer Woche nichts gegessen.

„Selber Idiot!", sagte er zum Bären. „Was fällt dir ein, harmlose Passanten zu beleidigen?"

„Das bin nicht ich, das ist der Frosch, den ich gerade gegessen habe, der in meinem Magen rumschreit!", sagte der Bär. „So was habe ich noch nicht erlebt! Er schreit, dass er nicht essbar sei und nennt *mich* einen Idioten!"

Der Fuchs tat so, als ob er nicht ein Wort von dieser Geschichte glaubte und sagte zum Bären: „Sehr interessant! Weißt du, dass du daran sterben kannst, wenn er die Wahrheit sagt?"

„Meinst du?", fragte der Bär mit angstverzerrtem Gesicht. „Was soll ich tun?"

„Du musst ihn sofort wieder ausspucken!"

Was der Bär auch tat. Der Fuchs schnappte sich den Frosch und schluckte ihn seinerseits runter, bevor er auch nur ein Wort sagen konnte.

„Danke!", sagte er zum Bären. „Bis bald."

Der Frosch begann von Neuem zu schreien: „Hey! Wer hat mich denn jetzt geschluckt? Ich sage doch, ich bin nicht essbar! Idiotenpack!"

Dem Fuchs kamen Zweifel. Vielleicht stimmte diese Geschichte vom Frosch!

Jetzt versuchte er den Frosch wieder auszuspucken. Aber es gelang ihm nicht und er fiel wie vom Schlag getroffen am Wegesrand um. Vergiftet.

Was den Frosch angeht, der kam aus der Schnauze des Fuchses herausmarschiert und sprang in den nächsten Graben.

14. September

Richtig verhext

Die Hexe Mascha war nicht wirklich alt. Sie mochte zwischen dreißig und vierzig sein, höchstens fünfzig.

Sie hatte keine wirklichen Fehler, außer ihren Zähnen. Aber wenn sie den Mund geschlossen hielt, dann war sie eine ganz gewöhnliche Frau, niemand hätte erraten, dass sie eine Hexe war.

Sie hatte sich gerade in einer Bruchbude eingerichtet und wollte im Dorf akzeptiert werden, damit sie umso besser ihre Missetaten vollbringen konnte. Daher verließ sie an diesem Tag gekämmt und gewaschen das Haus.

Die Sonne schien. Die Luft war mild. Es versprach ein angenehmer Tag zu werden. Auf dem Weg nach Hause sagte Adam, der Chef der Kobolde, Guten Tag zu Mascha, die ihre Haare in der Sonne trocknete. Ein einfaches, harmloses Guten Tag und dazu eine kleine Geste mit der Hand.

„Guten Tag!", antwortete sie dem Kobold. Dabei entblößte sie ihre schwarzen Zähne und warf ihren Haarschopf, der noch nass glitzerte, nach hinten. „Ich bin gerade eingezogen. Wollen Sie mir die Ehre erweisen, in meiner bescheidenen Hütte einen Krug mit mir zu leeren?"

Da er es gewohnt war, dass man aus den verschiedensten Gründen nett zu ihm war, nahm der Chefkobold an.

Als er ihr die Hand schüttelte, bemerkte der Kobold, dass der Zipfel seiner Mütze gerade mal bis zum Knie der Neuzugezogenen reichte. Er verspürte ein vorübergehendes Unbehagen, trat aber trotzdem bei ihr ein.

Als sie sah, dass er etwas verschämt dreinschaute (sicherlich, weil er so klein war, dachte sie), lief die Hexe auf allen vieren, damit er sich etwas entspannte. In diesem Moment fiel ein Sonnenstrahl auf ein Stück Haut zwischen ihrem Hals und ihrer Schulter. Sie wusste, dass dieses Stück Haut, wenn es in einem bestimmten Licht erstrahlte, auf alte Kobolde eine ganz besondere Wirkung hatte. Und in der Tat konnte es sich der Kobold nicht verkneifen, ihr dort einen Kuss aufzudrücken, ganz verstohlen zwar, aber ein Kuss ist ein Kuss.

Aber da! Die Lippen des Kobolds klebten fest! Nur einige Sekunden lang! Aber das Zauberfluidum war hinübergetreten!

Er eilte geschwind zurück in seine Höhle, schloss sich ein und begann zu überlegen.

Na ja, dachte er, schließlich bin ich jetzt seit so langer Zeit allein und diese junge Dame ist nicht hässlich, sie ist sogar ganz hübsch – von ihren Zähnen einmal abgesehen. Sie riecht nicht sehr gut, aber ich werde ihr sagen, dass sie sich besser waschen soll. Und wenn ich sie geküsst habe, dann ist das nicht meine Schuld, sie hat mir ihren Hals ja geradezu *angeboten*, nicht wahr! So fangen Liebesgeschichten oft an. Was ist schlimm daran?

Die Hexe war ihm gefolgt. Sie klopfte. Er öffnete. Das war's.

Das ist es, was man einen unwiderstehlichen Zauber nennt, oder?

15. September

Eine falsche Hexe

Es war einmal eine widerwärtige Hexe, die ihre Fähigkeiten verloren hatte, weil eine andere Hexe, die noch böser und geschickter war, sie ihr geraubt hatte.

Diese Hexe, die nicht mehr hexen konnte, wusste nicht mehr, was sie den lieben langen Tag anfangen sollte. Also beschloss sie nett zu werden. Aber sie wusste nicht, wie das ging, nett sein, alles, was sie konnte, war, andere zu verhexen.

Und so wurde sie keine nette Hexe – so etwas gibt es nicht –, sondern eine falsche Hexe, die versuchte, andere mit einem Fluch zu belegen, der nicht funktionierte oder nur ab und zu.

Sie lebte also in der Hoffnung, dass ihre Zaubersprüche eines Tages Wirkung zeigen würden.

Anders gesagt, sie wurde eine ganz gewöhnliche bösartige Frau, wie man sie überall antreffen kann, auf der Straße, am Strand oder bei Freunden.

16. September

Schön und musikalisch begabt

Romain war musikalisch ziemlich begabt, besonders für einen Hund, aber damit brüstete er sich nie. Mathieu war viel besser als er und, so muss man sagen, auch viel schöner, mit seinen langen rötlichen Locken. Wenn man dann also sah, wie alle Hündinnen um Romain herumscharwenzelten und nicht eine um Mathieu, dann fragte man sich natürlich, warum das so war. Ohne Frage hatte Romain etwas an sich, was gefiel, und die Hunde in der Nachbarschaft konnten sich noch so sehr den Kopf darüber zerbrechen, was es war, keiner wusste es.

Eines Tages fragte Mathieu vor versammelter Mannschaft: „Aber was stimmt denn bloß nicht mit mir? Warum liebt mich keiner? Ich bin doch der Schönste und ich mache besser Musik als alle andern!"

„Mehr oder weniger jeder macht Musik, weißt du", sagte Romain.

„Aber nicht alle sind so schön wie ich!"

„Doch, doch", sagte Romain. „Alle sind so schön wie du."

17. September

Die Küsse des Wolfs

Ein Wolf wollte heiraten. Er suchte sich die hübscheste und weißeste Gans im Hühnerstall aus.

Er machte ihr den Hof. Sie zierte sich erst etwas, aber dann willigte sie sehr schnell ein, mit ihm fortzugehen, um ihn zu heiraten, denn sie wusste nicht, was Wölfe mit Gänsen machen. Nach der Trauung vor dem Bürgermeister und

anschließend in der Dorfkirche tanzten die beiden Jung-
vermählten wenig und tranken kaum etwas. Sie konnten es
kaum abwarten, endlich allein zu sein, und so warfen sie
sich in ihr neues kleines Elektroauto und rasten durch die
Wälder direkt zur Höhle des Wolfs. Als er erst einmal bei
sich zu Hause war, ließ sich der Wolf von seinen Küssen
hinreißen und fraß die Gans bis zur letzten Feder auf.
Natürlich.

Kein Wunder, dass man sagt: Dumme Gans.

18. September

Das Geld des Hasen

Ein Hase, der sehr geizig war, hatte etwas Geld beiseite gelegt. Genug, um in Urlaub zu fahren oder einen kleinen Gebrauchtwagen zu kaufen oder ein Motorrad.

Der Fuchs, der, wie jeder wusste, unfähig war selber zu sparen, und den der Neid und der Hunger trieben, fand das Versteck des Hasen und bemächtigte sich des Geldes.

Als er die Münzen und Banknoten erst einmal hatte, wusste er nichts damit anzufangen. Wenn er sie zu schnell ausgeben würde, wüsste jeder, dass er der Dieb war.

Also beschloss er zu warten und nur ein paar kleine Einkäufe zu machen: hier mal einen Braten, da ein paar Würstchen, nichts Übertriebenes.

Nachdem der Hase sich erst einmal von seinem Schock erholt hatte, begann er Ermittlungen anzustellen. Er bemerkte, dass der Fuchs immer dicker wurde, was, wie jeder weiß, bei einem Fuchs ungewöhnlich ist. Er folgte ihm also auf Schritt und Tritt und entdeckte schnell das Versteck, wo er allerdings nur noch sehr wenig Geld vorfand. Das nahm er sich und erzählte dann überall herum, dass der Fuchs ein Dieb sei.

Indem er den Fuchs anschwärzte, gab der Hase zu, dass er selber Geld gehabt hatte, wo er doch niemals irgendjemanden zum Essen eingeladen hatte.

Seine Freunde wandten sich von ihm ab und dachten, dass es der Fuchs letzten Endes richtig gemacht hatte.

19. *September*

Ein unfreundlicher alter Bär

Es war einmal ein sehr böser Bär. Bären sind oft böse, aber dieser war noch schlimmer als die anderen.

Wie es sich so traf, hatte er trotz seiner Bosheit (das verstehe, wer will) eine Frau und mehrere Kinder. Er wurde alt und seine Kinder wuchsen heran und verließen die elterliche Höhle. Sie ließen sich hier und da nieder, jeder in einem anderen Land.

Und dann wurde der alte Bär krank. Seine Frau pflegte ihn, obwohl er immer unerträglicher wurde.

Aber seine Kinder kamen ihn nur noch sehr selten besuchen.

Jedes Mal wenn sie kamen, gab sich der Bär liebenswürdig, damit sie länger bei ihm blieben und ihm Gesellschaft leisteten.

Aber kaum hatten sich seine Kinder eingerichtet, wurde der alte Bär wieder unfreundlich.

„Wie kannst du ihn noch ertragen?", fragte eines der Kinder seine Mutter. „Papa ist wirklich entsetzlich."

„Weißt du, man muss ihn verstehen, er ist krank", sagte die
Mutter.

„Aber denk doch mal nach, so ist er schon immer gewesen", entgegnete der junge Bär.

„Ich liebe ihn halt", sagte die Mutter.

20. September

Der Nachbar

Dies ist die Geschichte eines Kaninchens.

Eines Morgens, gegen acht Uhr, zieht es sich an, seine Hose mit Schottenmuster, sein kleines Tweedjackett und seinen breitkrempigen Filzhut, und verlässt das Haus. Es ist kalt an diesem Tag, der Sommer neigt sich dem Ende zu. Es spürt die kühle Luft an seinem Hals, zieht automatisch den Kragen hoch und fröstelt etwas, wie man das in solchen Fällen manchmal tut.

Sein Nachbar Emil Kröte steht vor der Tür.

Ob's stürmt oder hagelt, bei Tag oder Nacht, Emil ist da, an seinem Platz, wie ein Wachtposten.

„Das Wetter schlägt um", sagt Emil zum Kaninchen. „Wir werden Regen haben ... Regen ist gut. Was meinst du?"

Das Kaninchen hat keine Lust, darauf zu antworten.

Manchmal hat es am Morgen keine Lust zu reden.

„Schlechte Laune?", fragt die Kröte. „Nun, das wundert mich nicht ... Uns liegt das, aber ihr, ihr Säuge ... ihr Pelztiere ..."

Das Kaninchen geht Brot holen. Als es zurückkommt, ist die Kröte immer noch da, vor seiner Tür.

„Ah!", ruft sie und leckt sich ihre klebrigen Lefzen. „Warmes Brot tut gut, wenn es kalt ist, was?"

Das Kaninchen lächelt unverbindlich, geht ins Haus und macht sich einen Kaffee.

Am Fenster klopft es. Es ist die Kröte, sie ruft: „Kommst du mit zum Fischen? Bei diesem Wetter werden reichlich Leute da sein ..."

Das Letzte, wozu das Kaninchen Lust hat, ist fischen zu gehen. Aus Höflichkeit öffnet es das Fenster und sagt: „Nein, danke. Ich habe zu arbeiten. Ich kann heute Morgen nicht ... wirklich nicht."

„Arbeit? Was für Arbeit?"

Wortlos schaut das Kaninchen die Kröte an. Am liebsten würde es ihr sagen: „Hau ab! Lass mich in Frieden. Ich will meine Ruhe haben. Geh nach Hause, in deinen Tümpel, und kümmere dich um deine eigenen Sachen. Idiot!"

„Was ist denn? Geht's dir nicht gut?", fragt die Kröte.

„Doch, doch", sagt das Kaninchen. „Ich habe Migräne. Das ist alles."

„Migräne? Warte, ich habe genau das Richtige für Migräne. Ich gehe es holen."

Und schon schießt sie los, bevor das Kaninchen überhaupt reagieren kann.

Als die Kröte zurückkehrt, kommt ihr das Kaninchen entgegen und sagt mit wütender Stimme:

„Lass mich jetzt in Frieden, okay? Ich will dein Medikament nicht!"

Es gibt zwei Sorten von Leuten: die, die meinen, dass das Kaninchen unrecht gehandelt hat, und die, die es verstehen.

Die winzige Emily

Emily war wütend. Dieses Jahr waren fast alle Kastanien wurmstichig. Oder leer. Mit entschlossenem Schritt ging sie nach Hause.

Am Ende des Sommers wird der Farn im Wald braun, besonders wenn der Sommer heiß war. Sodass ein kleines rothaariges Mädchen, das durch den Farn marschiert, kaum zu sehen ist. Besonders wenn dieses kleine Mädchen ein Eichhörnchen ist. Deswegen wäre Emily beinahe vom Menschenfresser zertreten worden, der im Farn herumstreunte, obwohl er noch nicht einmal ganz braun war.

„Hey da!... Beinahe wäre ich auf dich draufgetreten! Emily! Kannst du nicht aufpassen!"

„Pass selber auf, du langer Lulatsch! Du bist so dick, dass du nicht mal deine eigenen Füße sehen kannst. Sag, wann hast du deine Füße zum letzten Mal gesehen?"

„Du hast Glück, dass du nicht gut schmeckst, Emily!", sagte der Riese lachend. „So spricht man nicht mit einem Menschenfresser. Das weißt du sehr gut."

Tatsächlich war Emily so mager, das keiner sie fressen mochte. Und anstatt dass sie das beruhigt hätte, machte es sie eher etwas mürrisch. Alle ihre Eichhornfreunde waren einer knuspriger als der andere, und das Gefühl, jeden Augenblick gefressen werden zu können, machte sie umso aufgedrehter und, unterm Strich, recht fröhlich.

„Verzieh dich, Fettwanst!", sagte Emily und versetzte dem riesigen Stiefel des Menschenfressers einen Schlag mit der Pfote, den dieser ebenso wenig spürte, als hätte ihn ein Laubblatt im Fallen gestreift.

22. September

Letzter oder erster Tag?

Es war die Stille, die Floriane in ihrem Mauseloch weckte.
„Pff!!! Das war's. Jetzt ist Herbst!", rief sie, als sie schlecht
gelaunt aufwachte. Wie ärgerlich!

Alle ihre Freunde waren im Gepäck irgendwelcher Touris-
ten nach Paris zurückgekehrt und jetzt war sie allein am
Meer, mit den leeren Stränden, den geschlossenen Restaurants und den stillen Gassen. Wie jedes Jahr. Alles, was
blieb, war das Rauschen des Meeres, das Klappern der
Fensterläden und das Pfeifen des Windes.

Nichts würde es in den Küchen zu klauen geben. Es würde
dort eher nach Meister Proper riechen als nach köstlichen
Mülleimern. Und in den Schränken würden sich Konser-
vendosen türmen, die man unmöglich aufkriegen konnte.
Deprimierend.

Plötzlich steckte Fred seinen Kopf aus einem Loch. „Hey,
Flore! Hallo! Wollen wir baden? Heute ist der letzte Tag!"
„Ach, du bist's! Hallo! Bist du nicht mit den andern abge-
reist?"

„Aber nein! Ich bleibe hier, das ist besser. Außerdem habe ich einen großen Käse beiseite gepackt, mit dem ich leicht über den Winter kommen werde. Willst du nicht bei mir kampieren?"

„Sag mal, das ist der letzte Tag, wovon eigentlich?"

„Na, vom Sommer!", sagte Fred.

„Aber heute ist der 22.! Jetzt ist Herbst!"

„Aber nein, meine kleine Flore! Am 22. September ist noch Sommer!"

„Tatsächlich?", sagte Floriane. „Wenn ich das gewusst hätte!"

„Wenn du was gewusst hättest?", fragte Fred.

„Wenn ich gewusst hätte, dass noch Sommer ist", antwortete Floriane, „dann hätte ich bessere Laune gehabt!"

247

Inhalt

Erzählende Kinderbücher

Eine Auswahl

Margaret Atwood
Prinzessin Prunella und die purpurne Pflaume
Mit Bildern von Julia Ginsbach
40 S., geb., mit farbigen Abbildungen, ab 7

Prinzessin Prunella lebt mit ihren piekfeinen Eltern, Prinzessin Patricia und
Prinzgemahl Peter, sowie ihren drei pummeligen Pussikatzen in einem
prächtigen, pinken Palast. Sie ist verwöhnt, verzogen und ein bisschen zickig –
bis eine weise Frau ihr die purpurne Pflaume an die Nase hext …

Bernard Clavel
Eine Burg aus Papier
Mit Bildern von Yan Nascimbene
32 S., geb., mit farbigen Abbildungen, ab 8

Wie alle Jungen träumt Jan davon, eine richtige Burg zu besitzen, mit Türmen
und Zinnen, Pechnasen und Fallgattern. Und während sein Vater in seiner
Bibliothek sitzt und ein Gedicht von viertausendfünfhundertundzwölf Versen
verfasst, baut Jan aus den Büchern seines Vaters eine riesige Burg …

Kenneth Grahame
Der Drache, der nicht kämpfen wollte
Mit Bildern von E. H. Shephard
64 S., geb., mit schwarzweißen Abbildungen, ab 8

Als der Schäfer einen Drachen in den Hügeln entdeckt, beruhigt ihn sein Sohn:
„Ich werde mit ihm reden. Und du wirst sehen, dass alles in Ordnung ist."
Und tatsächlich freunden die beiden sich an. Aber bald schon droht Gefahr:
Der heilige Georg tritt zum Kampf gegen den Drachen an …

Gerstenberg Verlag

Eva Heller
Wie man allseits beliebt wird, glücklich und schlank oder: Vom Sinn des Lesens
Mit Bildern der Autorin
144 S., geb., mit schwarzweißen Abbildungen, ab 9

Melitta sind fernsehen und Chips lieber als Ballett und Fußball. Doch dann entdeckt sie ein Märchenbuch und findet heraus, dass ihr Lesen unglaublich viel Spaß macht. Die Geschichten leben in Melittas Fantasie weiter und sie wird zu einer beliebten Geschichtenerzählerin, gewinnt neue Freunde und verdient sogar schließlich mit dem Lesen Geld ...

Komm, hau ab!
Geschwister-Geschichten
Ausgewählt von Arnhild Kantelhardt
Mit Bildern Von Gesa Denecke
160 S., geb., mit farbigen Abbildungen, ab 9

Geschwister zu haben heißt oft, sich streiten, ärgern und aufeinander eifersüchtig sein. Es ist gar nicht so leicht, mit diesen Gefühlen umzugehen. Aber zum Glück gibt es immer wieder Augenblicke, wo ganz klar ist: „Eigentlich ist es schön, dass du da bist." Geschichten von Achim Bröger, Marie Farré, Gudrun Mebs, Eva Polak, Nina Rauprich und vielen anderen.

Nina Schindler
Mieke rappt los
Mit Bildern von Christiane Pieper
80 S., geb., mit farbigen Abbildungen, ab 10

Mieke liebt Rollerblades, coole Raps, ihren Freund Fabi und ihre Ma. Was Mieke aber gar nicht leiden kann, ist, wenn ihre Mutter sich zu sehr in ihr Leben einmischt, und genau das tut sie ständig. Als Ma dann auch noch verkündet, dass sie dieses Jahr wieder die Klassenfahrt mitmachen will, weiß Mieke, dass sie das verhindern muss ...

Gerstenberg Verlag

Isaac B. Singer
Als Schlemihl nach Warschau ging
Mit Bildern von François Roca
96 S., geb., mit schwarzweißen Abbildungen, ab 10

Eine wundervolle Sammlung lehrreicher und komischer Kindergeschichten des großen Erzählers Isaac B. Singer. Mit Geschichten von Schlemihl, Todie dem Gerissenen und Leiser dem Knicker, Uzel und seiner Tochter Armut und vielen mehr.

Peter Slabbynck
Pauline Spürnase
Mit Bildern von Klaas Verplancke
72 S., geb., mit farbigen Abbildungen, ab 8

Sicher, Pauline riecht ein bisschen nach Fisch. Das ist auch klar, denn ihre Eltern haben einen kleinen Fischladen. Trotzdem findet Pauline es ziemlich ungerecht, dass die anderen Kinder sie deshalb immer hänseln – bis ihre Spürnase gefordert ist.

Grégoire Solotareff
Herbstgeschichten
Mit Bildern des Autors
224 S., geb., mit schwarzweißen Abbildungen, ab 6

Geschichten für jeden Tag im Herbst, vom 23. September bis zum 21. Dezember: lustige und nachdenkliche, freche und gruselige, fabelhafte und ziemlich realistische. Von Max, dem Fuchs, den Kaninchen Hans und Josef, Bernd Einsiedel und Jakob Krabbe und vielen mehr. Geschichten aus einer Welt, die von Menschen bislang kaum erforscht wurde.

Gerstenberg Verlag

William Steig
Gelb und Rosa
Mit Bildern des Autors
32 S., geb., mit farbigen Abbildungen, ab 8

Zwei Holzkerle, der eine gelb, der andere rosa bemalt, der eine kurz und dick, der andere lang und dünn, liegen im Sonnenschein auf einer Wiese. Sie freuen sich, dass sie da sind. Aber woher sie kommen und wer sie sind, das müssen sie erst noch herausfinden.

Regula Venske
Ein Haus auf Reisen
Mit Bildern von Julia Ginsbach
80 S., geb., mit schwarzweißen Abbildungen, ab 7

Marie, von der alle sagen, sie sei eine richtige Trödel-Marie, hat gerade in der Schule gelernt, dass die Erde sich dreht. Trotzdem staunt sie nicht schlecht, als sie in den Rosenweg einbiegt. Denn dort, wo ihr Haus gestanden hat, klafft eine große Lücke. Hat es sich mit der Erde weggedreht? Marie macht sich auf die Suche nach ihrem Haus.

Klaus Peter Wolf
Jens-Peter und der Unsichtbare
Die besten Geschichten. Mit Bildern von Amelie Glienke
256 S., geb., mit farbigen Abbildungen, ab 8

Jens-Peter ist ein ganz normaler Junge, wenn da nicht sein unsichtbarer Doppelgänger wäre. Denn der bringt Jens-Peter in die unmöglichsten Situationen. Und am Ende muss Jens-Peter die Suppe auslöffeln. 21 der besten Geschichten von Jens-Peter und dem Unsichtbaren sind in diesem Band versammelt.

Gerstenberg Verlag